JN139804

KAIDO Yuichi
海渡雄一──【編著】
東京共同法律事務所・企画

戦争する国のつくり方

「戦前」をくり返さないために

防空《ぼうくう》へ生《い》かせ隣保《りんぽ》のそこ力《ちから》

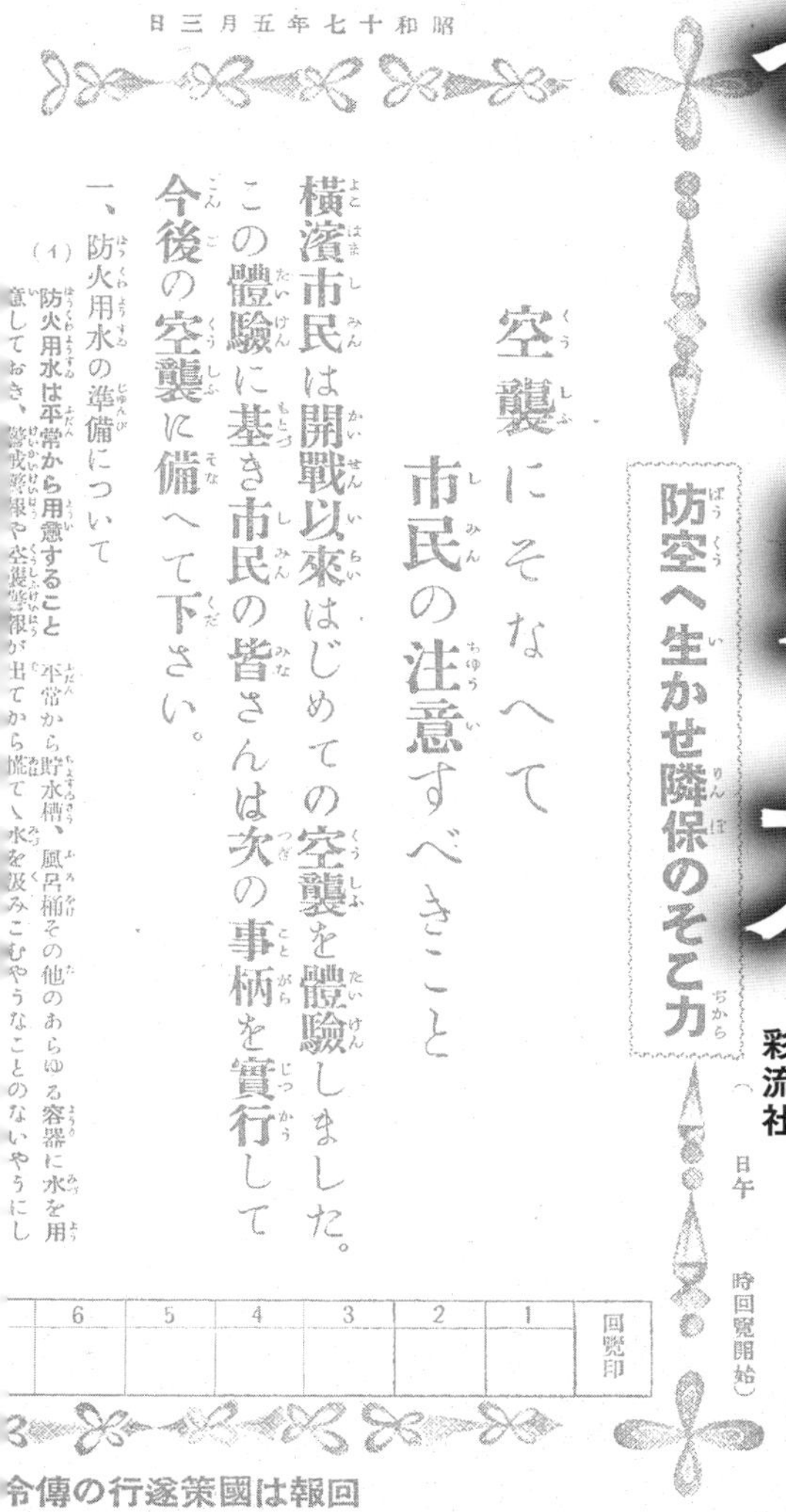
昭和十七年五月三日

空襲《くうしふ》にそなへて
市民《しみん》の注意《ちゆうい》すべきこと

横濱市民《よこはましみん》は開戰以來《かいせんいらい》はじめての空襲《くうしふ》を體驗《たいけん》しました。この體驗《たいけん》に基《もと》き市民《しみん》の皆《みな》さんは次《つぎ》の事柄《ことがら》を實行《じつかう》して今後《こんご》の空襲《くうしふ》に備《そな》へて下《くだ》さい。

一、防火用水の準備《じゆんび》について
（イ）防火用水は平常から用意すること　平常から貯水槽、風呂桶その他のあらゆる容器に水を用意しておき、警戒警報や空襲警報が出てから慌てゝ水を汲みこむやうなことのないやうにし

回覧印	1	2	3	4	5	6

（日午　時回覧開始）

回報は國策遂行の傳令

彩流社

問題は過去を克服することではありません。さようなことができるわけはありません。後になって過去を変えたり、起こらなかったことにするわけにはまいりません。しかし過去に目を閉ざす者は結局のところ現在にも盲目となります。非人間的な行為を心に刻もうとしない者は、またそうした危険に陥りやすいのです。

（リヒャルト・フォン・ワイツゼッカー「荒れ野の40年」演説（1985年5月8日）より）

◉まえがき——映画『君の名は』に感動した君に

私たちの所属する東京共同法律事務所は、今から50年前、１９６７年に、もともと日本社会党を支持していた弁護士たちの手で創設されました。労働者と庶民のための法律事務所として、労働事件はもちろん、数多くの市民事件を担当してきました。事務所の創設者の一人である故角尾隆信《かどおたかのぶ》弁護士は、太平洋戦争に従軍した経験があり、私たち若い弁護士に対して、いつも、日本を戦争をする国にしないために、日本国憲法の９条の持つ深い意味について語り続けました。

この本は、映画『君の名は』に感動した若者にこそ読んでもらいたいと考えながら書いた本です。この映画は、宮水三葉《みやみずみつは》と立花瀧《たちばなたき》との切ない恋愛ドラマとして見ることもできますが、二人が時空を超えて、災害によって喪われようとする命を一人でも救いたいと全力で疾走する映画でした。私は、この映画が韓国でも中国でも大ヒットしていることをとてもうれしく思います。災害で喪われる命を救うために奮闘する青春か、戦争で互いに命を奪い合うために戦う青春か、あなたたちの青春の未来を決するかもしれない大きな変化が、いま日本の法と社会を覆っています。

私たちの大先輩である角尾の書いた『憲法制定のころと私の青春』を、本書１８５頁に再録しました。これを読んで頂ければ、日本国憲法、とりわけその９条は、戦禍の犠牲のうえに勝ち取られたものであったことをわかって頂けると思います。

本書のもとになった分析は、２０１５年12月、２０１６年12月に開催した日隅一雄《ひずみかずお》情報流通促進基金（小竹広子事務局長）の記念シンポジウムのために、準備したものです。日隅さんは、福島原発事故後の東電記者会見に通い続けたことで有名ですが、弁護士として女性国際戦犯法廷ＮＨＫ番組改変裁判や沖縄返還密約情報開示訴訟など、戦争と平和に関する事件も多数担当しました。日隅さんが生きていたら、安倍政権の下で進められている戦争できる国の準備作業に、必死で共に抵抗してくれただろうと思います。基金には、資料の提供に協力を受けたことに心から感謝します。また、２０１５年のシンポジウムの準備のために、たくさんの戦争中の資料を見せていただき、シンポジウムにご登壇頂いた作家の山中恒先生にも心から感謝します。

この本は、安倍政権の下で進められる法制度の改変が、日本を、戦争する国に変えるために行われているのではないかという、深刻な疑念を、戦前の歴史と法制の歩みと現在進行中の事態を比較する作業を通じて、裏付けようとしたものです。このささやかな本が、若い世代の皆さんに、歴史を学び直すきっかけとなり、今進行している事態の危険性を認識し、「秘密保護法」や戦争法制を廃止し、「共謀罪」の新設を食い止め、憲法改悪を許さない力となることを願ってやみません。

◉目次

第1章

悲劇は繰り返す

❖安倍政権の戦争準備

2012年末に民主党政権が崩壊し、第2次安倍晋三政権が誕生しました。以来、4年余りが経過しましたが、この間に次のようなできごとが起きています。

2013年11月　「国家安全保障会議設置法」が成立した

2013年12月　「特定秘密保護法」の強行成立がされた

2013年12月以降　NHK役員の国会同意人事の慣行を否定。与党単独推薦で安倍首相に近い経営委員ばかりが選ばれるようになった

2014年1月25日　NHK会長就任記者会見において籾井勝人《もみいかつと》会長は竹島問題・尖閣諸島問題に関する質問について「日本の立場を国際放送で明確に発信していく、国際放送とはそういうもの。政府が『右』と言っているのに我々が『左』と言うわけにはいかない」とのべた

2014年7月　集団的自衛権の行使を認める閣議決定が従来の内閣法制局の憲法解釈を無理矢理変更して強行された

2014年12月　「特定秘密保護法」が施行された

2015年9月　集団的自衛権の行使などについて定める「安全保障法制」（以下、「戦争法」）が強行成立された

2016年2月　通常国会で、高市早苗総務大臣が放送法に反する公平性を欠く放送を繰り返した放送局の電波を停止することがあると繰り返し発言した

２０１６年５月　盗聴捜査の拡大、司法取引の導入を含む「刑事訴訟法改正」が成立した
２０１６年７月　参議院選挙の結果、両院の改憲勢力が衆議院・参議院ともに3分の2を超える
２０１６年８月　「共謀罪法案」を「テロ等組織犯罪準備罪」と名称を変更して臨時国会へ提案する
との報道
２０１６年９月　安倍内閣改造でタカ派の稲田朋美議員を防衛大臣に任命
憲法審査会再始動。憲法９条と国家緊急権が焦点に
２０１７年１月　首相と官房長官が、２０２０年東京オリンピックのテロ対策のため、テロ等準備罪
が不可欠だと表明
２０１７年３月　政府が「テロ等準備罪」法案＝共謀罪法案を国会に提案

このような一連の経過を見ると、安倍政権は戦争のできる国づくりの設計図に基づいて、その実現を目指して、一つずつ法的な制度と体制を固めていこうとしているように見えます。私たちは、これらの制度の構築に対して、「秘密保護法」や「戦争法」については、特に大きな市民的運動を構え、国会前に抗議する市民のうねりをつくり、反対の声を広げてきました。これまでの政府であれば、これだけの反対の声があれば、法制を思いとどまったはずです。しかし、安倍政権の暴走は止まらず、その支持率も目に見えては下がっていません。なぜなのでしょうか。

たしかに、現在の法体制は戦前とは大きく異なります。私たちには日本国憲法21条によって表現の自由と知る権利が保障され、司法の独立と違憲立法審査権が保障されています。憲法違反の「秘密保護法」や「戦争法」は裁判所が無効と判断することができます。そして、「国際人権条約」などによって、国境を越えて人権を保障する国際人権保障のシステムが構築されています。

こうした中で、2016年4月、国連人権理事会への特別報告者（表現の自由担当）のデビッド・ケイ氏が来日し、メディアの独立性の確保と「特定秘密保護法」の改正などを求める暫定勧告が出されました。デビッド・ケイ氏は、「放送法」4条1項2号の「政治的に公平であること」の該当性を政府自らが判断している現状を批判し、その判断に基づいて放送事業者に対する行政指導や「電波法」76条に基づく無線局の運用の停止等の処分を行う制度を批判しました。そして、「放送法」4条そのものの削除、さらには放送規制権限を総務省ではなく政府から独立した機関に移すべきであるとする見解を示しました。

特筆すべきことは、日本におけるメディアが政府との適切な緊張関係を維持し、共同して政府からの圧力と闘わなければならないと指摘した点です。この点はとても大切な指摘だと思います。いま、世界を揺るがせている「パナマ文書（Panama Papers）」の報道は、全世界で100を超える報道機関の連携作業となっています。関わったジャーナリストは約400人で、全体を仕切ったICIJ（the International Consortium of Investigative Journalists）が「勝手のわからない外国のことは、その地の報道機関・ジャーナリストに任せよう」という方針で、

（放送法）第四条とは

一　公安及び善良な風俗を害しないこと。

二　政治的に公平であること。

三　報道は事実をまげないですること。

四　意見が対立している問題については、できるだけ多くの角度から論点を明らかにすること。

この「特大リーク」に臨んだとされます（日本からは朝日新聞記者らが関わっていた）。

エドワード・スノーデン氏によるアメリカの国家安全保障庁（ＮＳＡ）のプリズムなどのシステムの内部告発報道は、アメリカの個人ジャーナリストのグリーンウォルド氏とイギリスの新聞ガーディアン、さらにはアメリカの新聞ワシントン・ポスト、ＣＮＮなどが、共同してスクープを展開し、ジャーナリストに対する弾圧の危険を分散し、これを回避することに成功しました。

日本においては、朝日新聞の慰安婦報道と福島原発事故吉田調書報道をめぐって、読売・産経新聞や共同通信などのメディアが朝日新聞をバッシングする異常な展開となりました。メディア間の会社の枠を超えた連帯の復権、そのための具体的な手段と言うべきジャーナリストの連帯組織の設立、記者クラブ制度の撤廃などを強く訴えた点においても、ケイ氏の暫定所見は極めて適切なものであり、深い内容を持つものだったといえます。

私たちは、安倍政権によって日本を戦争ができる国に変えていこうとする動きに対して、ジャーナリストはもちろんのこと、日本の市民社会全体が連帯してこれに抵抗し、国際社会からの支援も得て、このような動きを食い止めていきたいと思います。

❖戦前の戦争のための法的システムが安倍政権の下で次々に復活している

戦争は軍隊と司令官だけで遂行できるわけではありません。本書では、戦争を遂行しようとする国の体制を法制度の面から比較・考察していきたいと思います。戦争を始め、これを遂行するには、次のような一連の法・行政制度が必要です。そして、戦前の法制度と安倍政権のめざす戦争法制にはこ

主体	戦争を行う主体が存在しなければならないこと	戦前：大本営 ↓ 現在：国家安全保障会議	
弾圧立法	戦争に反対する勢力を無力化する治安法制が整備され、これによって現実に戦争に反対する諸勢力が非合法化・あるいは活動を大きく制限されること	戦前：「治安維持法」による弾圧・特高警察による拷問・獄死 ↓ 現在：治安立法・代用監獄制度の温存・新共謀罪・警備公安警察による市民運動の封じ込め	2章
教育道徳	一般国民を戦争に協力させるための、思想・道徳の徹底のための教育がなされること	戦前：教育勅語・軍事教練・靖国神社 ↓ 現在：日の丸君が代強制・道徳教育	
総動員	戦争のためにすべての物質的・社会的資源を動員することのできる法制度が整備されること	戦前：「国家総動員法」、徴兵制度 ↓ 現在：有事法制・自民党改憲草案国家緊急権条項	6章
秘密保護	戦争の準備の過程と戦意の高揚のために不都合な情報は隠ぺいできる情報管理体制を確立すること	戦前：「軍機保護法」・「国防保安法」・スパイ防止キャンペーン ↓ 現在：「特定秘密保護法」の制定と施行	3章
報道	国民を戦争に誘導する情報が選別されて提供されるような報道の統制がなされること	戦前：情報局などによる検閲、宣伝方針・同盟通信社・ＮＨＫ・新聞各県一社制 ↓ 現在：内閣情報官・総務大臣・読売新聞・産経新聞・電通・「放送法」	4章
監視密告	戦争に反対する市民がいたら、これをすみやかに排除できるよう、市民が相互に監視し、国家が直接市民を監視できるシステム・仕組みが整備されること	戦前：スパイ防止キャンペーン・隣組制度・憲兵や特高警察に対する密告 ↓ 現在：街頭監視カメラ・顔認証・マイナンバー・通信傍受の拡大	5章

の表のような対照関係と相似点があります。

ここにあげた戦前の制度のそれぞれについては、大量の研究が蓄積されています。他方で、このような戦争のための法制度と社会の仕組みを包括して統一的に説明した分析はほとんどありません。しかし、我々が、日本を戦争を遂行する国にしてはならないと考えるなら、重要な歴史のプロットを反省を込めて想い起こし、新旧の制度を俯瞰して論ずる必要があると考え、歴史学の専門家でもない私が、本書を書き、出版することとしました。

実は、戦争国家には法体制の軍事化・治安立法化と並んで、経済の軍事化というもう一つの重要な論点があります。アイゼンハワー大統領が1961年に退任する際に厳しく警告したように、アメリカにおける軍産学共同体は、戦争を続けていなければ、経済的に維持できない経済構造を産み出しました。日本では、戦後改革によって、経済の非軍事化が図られ、自衛隊の拡大に伴って軍事・防衛産業が復活・拡大されてきましたが、1976年に改訂・強化された武器輸出三原則により、共産圏諸国、国連決議により武器等の輸出が禁止されている国、国際紛争の当事国またはそのおそれのある国向けの場合だけでなく、対象地域以外の地域についても憲法及び外国為替及び外国貿易管理法の精神にのっとり、武器の輸出を慎むとされてきました。このような規制により、販路が制約され、また、大学との軍事研究の連携についても、たとえば宇宙技術や原子力は平和利用に限定されることが法制度の上にも示され（「原子力基本法」・「JAXA法」）、大きな制約が課されてきました。

いま、安倍政権のもとで、武器輸出三原則が撤廃され、大学における軍事研究が急速に拡大しています。「原子力基本法」に「安全保障」が規定され、「JAXA法」の平和利用限定も外されてしまいました。ＪＡＸＡと三菱重工業は２０１７年1月24日、防衛省が初めて保有し運用する通信衛星「きらめき2号」を載せたＨ２Ａロケット32号機を種子島宇宙センターから打ち上げました。経済の軍事化は、法制面における戦争の準備と両輪をなす極めて重要な課題ですが、私たちの専門外であり、問題の所在だけを指摘しておきます。

第2章

政府への抵抗勢力の一掃を狙う「治安維持法」と「共謀罪」

❖「治安維持法」の制定と拡大の過程

《「過激社会運動取締法案」の提案と廃案》

「治安維持法」は、1925年（大正14年）3月に帝国議会で成立した治安立法です。「治安維持法」は、**今でこそ、日本を戦争へと導いた悪法として名高いものですが、制定時には濫用の恐れのない完璧な法案として宣伝された**ことはあまり知られていません。

この説明を理解するには、これに先立って政府によって提案され、強い反対で廃案となった「過激社会運動取締法案」から説明する必要があります。この法案は、1922年に高橋是清内閣によって提出されました。この法案が禁圧しようとしていたのは、「無政府主義共産主義其の他に関し、朝憲《ちょうけん》を紊乱《びんらん》する事項を宣伝し、又は宣伝せむとしたる者」（1条　7年の刑）、「前項第1項の事項を実行又は宣伝する目的を以《もっ》て結社集会又は多衆運動を為《な》したる者」（2条　10年の刑）、「社会の根本組織を暴動、暴行、脅迫其《そ》の他不法手段に依りて変革する事項を宣伝し、宣伝せむとする者」（現代仮名遣いに直し、ルビは読みやすいように引用者が適宜振った。以下同）（3条　5年の刑）とされていました。

今見ても、あまりに整理がなされておらず、「朝憲を紊乱する事項」などという広汎な要件が定められ（「朝憲」とは国の根本法規を指しますが、これを紊乱するとはどのような行為を指すのか、あまりにも漠然としています）、2条に至っては、内務省の強い要請により団体を意味する結社の結成だけでなく、集会や多衆運動をしたものなど結社の形態を取らない社会運動まで取り締まる内容となっていました。司法省と内務省の詰めが甘いままに法案が提出されたともいわれます。このような活動への取り締まり規定は1925年成立の「治安維持法」にも含まれておらず、このような取り締まり規定が復活するのは１９４１年の改正「治安維持法」の時のことです。
この「過激社会運動取締法案」が議会内外の反対運動の中で廃案となったことは当然だったといえるでしょう。この法案に対しては新聞、学界、弁護士らから、強い反対の声が上がっていました。そして、これらの声を背景に、国民党・憲政会の抵抗が首尾一貫していました。現時点から振り返るとこの法案があまりにも不出来であったことが、後に「治安維持法」が提案されたときに、この法案に比べれば「出来」がよく見えたかもしれないことに注意する必要があると思います。

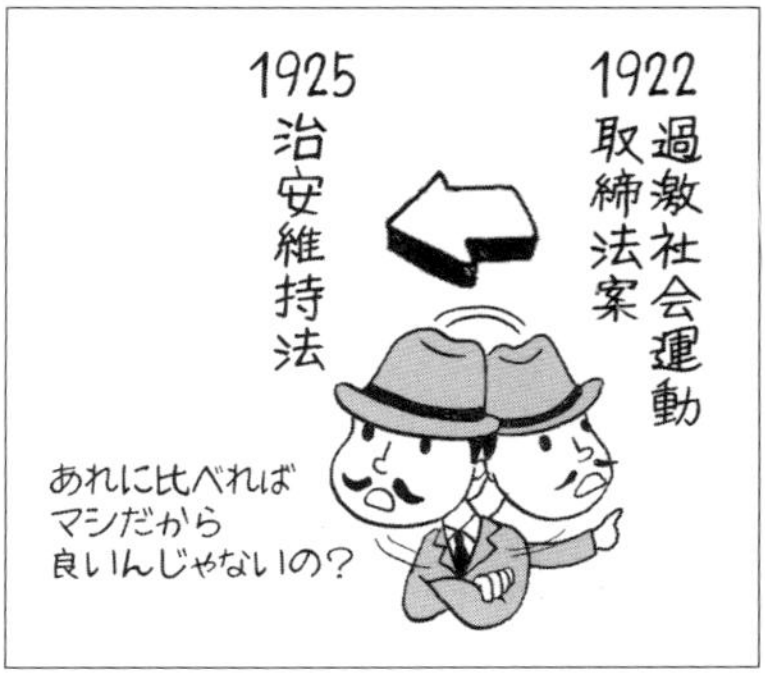

《朝鮮人大虐殺と治安維持令》

１９２３年9月に関東大震災が発生し、１９１０年の日韓併合により植民地とされていた朝鮮から来ていた人々と社会主義者に対する大虐殺が起きました。この事態に対応するために震災直後に、緊急勅令で治安維持令が成立しました。このことはあまり知られていませんが、これは、関東大震災の時に朝鮮の人々に対する大虐殺をもたらした流言蜚語を取り締まることを目的とする法令でした。

治安維持令は、震災の６日後、１９２３年9月7日に緊急勅令（大正12年勅令第４０３条）として公布されました。正式名称は「治安維持ノ為ニスル罰則ニ関スル件」です。関東大震災下の混乱を収めることを名目として緊急勅令として公布、即日施行され、次の第47議会で承認されました。「出版通信其ノ他何等《なんら》ノ方法ヲ以テスルヲ問ハス《とわず》暴行騒擾《そうじょう》其ノ他生命身体若《もしく》ハ財産ニ危害ヲ及ホスヘキ《およぼすべき》犯罪ヲ煽動シ安寧《あんねい》秩序ヲ紊乱《びんらん》スル目的ヲ以テ治安ヲ害スル事項ヲ流布シ又ハ人心ヲ惑乱《わくらん》スル目的ヲ以テ流《りゅう》言浮説《げんふせつ》ヲナシタル者ハ十年以下ノ懲役若ハ禁錮又ハ三千円以下ノ罰金ニ処ス」という内容で、表面上は震災後に発生した諸事件に対する対応を目的としていましたが、実際にはこれに乗じて社会主義者を弾圧することを意図していたとされます。実際にこの時期に大杉栄・伊藤野枝夫妻を始めとして、多くの社会主義者が官憲の手によって殺害されました。この治安維持令が、後の「治安維持法」の先駆となりました。いま、災害対策のために国家緊急事態条項を憲法に取り入れる動きがありますが、治安維持令は、災害対策が「治安立法」化した先駆例ともいえます。

《1925年「治安維持法」の制定》

「治安維持法」は、国体の変革（天皇制を廃止し共和制にすること）と私有財産制度を否定すること（社会主義や共産主義が念頭に置かれている）を目的とする結社を取り締まることを目的とした団体規制法です。

1925年法では「国体ヲ変革シ又ハ私有財産制度ヲ否認スルコトヲ目的トシテ結社ヲ組織シ又ハ情ヲ知リテ之《これ》ニ加入シタル者ハ十年以下ノ懲役又ハ禁錮ニ処ス」が主要な内容でした。

ここで確認しておかなければならないことは、「治安維持法」は、天皇制と私有財産制を守ることを保護法益とし、これらに悪影響を与える組織団体を結成したり、これに加入することを犯罪としたことです。そして、この法案が議会で成立する過程では、**これが濫用の恐れのない法案であるという説明がなされていたことを決して忘れてはなりません**。

議会に当初提案された法案は、「国体若ハ政体ヲ変革シ又ハ私有財産制度ヲ否認スルコトヲ目的トシテ結社ヲ組織シ又ハ情ヲ知リテ之ニ加入シタル者ハ十年以下ノ懲役又ハ禁錮ニ処ス」（傍線は引用者。以下同）とされていました。政府は「私有財産制度を否認する」は、「社会の根本組織の変革」よりはるかに狭く、「国体若ハ政体ヲ変革シ」は、「安寧秩序紊乱」よりはるかに狭いと説明しました（「政体」は意味が明確でないとして議会審議の過程で削除されています）。

また、「過激社会運動取締法案」には言論表現の自由を侵害する危険のある宣伝罪が盛り込まれていましたが、これらの取締は「新聞紙法」、「出版法」、「治安警察法」に譲り、結社の取り締まりに重点を絞ったと説明されました。

さらに、「過激社会運動取締法案」と異なり、すべての犯罪は「目的罪」であり、「国体若ハ政体ヲ変革シ又ハ私有財産制度ヲ否認スルコトヲ目的トシテ」なされる行為に処罰を限定するので、警察の権限濫用は大幅に抑えることができると説明されたのです。*1

東京朝日新聞（現・朝日新聞）によりますと、法案提出前の2月12日、若槻礼次郎《わかつきれいじろう》内相が「露国（ロシアのこと）政府の息のかかった団体なぞの宣伝を禁止してゐるものであって個人の宣伝は禁止してはゐ《い》ない」と発言しています。同2月20日の衆院本会議でも、同内相は「世間では本法は労働運動をそ止するものの如く解するものもある様《よう》だがこれは大なる誤りで労働者がその地位の向上を期する為《ため》に運動することには少しの拘束をも加へるものではない」と答弁し、一般の労働者は無関係だと説明していたのです。

「過激社会運動取締法案」があまりにも広汎で、限定を欠いていたことが、相対的に新たな「治安維持法」が限定されたもののように見える効果を生んだのです。

議事録から、抜き出してみます。「朝憲紊乱の中、国体と政体を根本から変革する、一応是《これ》だけを朝憲紊乱の中から抜きましたから、歩合で云いますと一二分の歩合の外ありませぬ。七八分は除外して「新聞紙法」、「出版法」以下の法律に依って、取締らなければならぬことになるのであります。次に安寧秩序の問題であります。安寧秩序と申しますれば、申上げるまでもなく現今の法律関係、明文にありまする総《すべ》ての法律関係、正に以上に法律の解釈から来た所の秩序問題にも這入《はい》る、洵《まこと》に広いものです、それでありますからそのまま之《これ》を移し来ったならば実に危険である、唯々偏《ただただひとえ》に私有財産の根本を破壊すると云うだけを持って来ましたから、安寧秩序は本当の一部です、単に一部です、一部持って来ただけです。」とこんな具合で、いかに限定された法律であるかを強調しています。[*2]

法の制定後にも、5月11日の施行直前には、警視庁幹部が「治安維持法」は「伝家の宝刀」で、社会運動は抑圧されないと説明していました（5月10日、東京朝日新聞）。この後に実際に起きる事態からすれば、政府は真っ赤なウソをついていたといわざるをえません。

国連の越境組織犯罪防止条約との関連でいえば、「治安維持法」は、経済的な組織犯罪ではなく、政治的な反体制的団体を念頭に置いた参加罪の処罰法であったといえます。ただ、これらの団体の活動のうち準備段階の行為をとらえて刑事規制をしようとしている点で、「共謀罪」と「治安維持法」

には重大な共通点があります。

そして、2017年3月21日に国会に提案された共謀罪法案は、あまりにも広汎な処罰範囲を網羅していた2003年政府法案を改め、準備行為を処罰条件とし、組織犯罪集団の関与を要件として、濫用を防止することとしたと宣伝されています。これが正しい説明ではないことは、「共謀罪」について説明する箇所で詳しく述べることとしますが、このような宣伝方法も、25年「治安維持法」と22年「過激社会運動取締法案」の関係を彷彿とさせるものです。**濫用されないと宣伝された「治安維持法」が、数次の改正を経て、著しく拡大適用されたことは、歴史の冷厳たる事実**です。政府の甘い説明に、国民は決してだまされてはなりません。

1924年、第二次護憲運動に伴って成立した護憲三派による第一次加藤高明内閣は、普通選挙を実現したほか、日ソ間の国交を樹立しました。ソビエトと国交を結ぶ一方で、共産主義運動が国内に波及することを防ごうとする意図が立法の背景にあったと説明されています。

中澤俊輔氏による『「治安維持法」――なぜ政党政治は「悪法」を生んだか』（中公新書、2012年）には「稀代の悪法は民主主義が生み、育てた」という刺激的な帯が付されています。しかし、1925年の「治安維持法」提案時に、同書が正しく指摘するように、すでに「言論表現集会結社の自由を侵害する。合法的な改革まで不可能にする。穏健な社会主義や社会民主主義まで拡大適用されかねない」などの正当な批判がなされていました（同書52～53頁）。「治安維持法」を民主主義が生み出したという規定の仕方は、警察・内務省と司法省などの治安機関などの働きかけと、前記のような議会ににおける虚実を交えた説得工作を過小評価しています。つまり、当時の新聞や議会の大勢は、「治安維持法」の法案の危険性に気づきながら、司法省と内務省の練りに練った法案にだまされたのだと評価することが正しい歴史総括であると私は思います。

《28年緊急勅令による法改正》

1928年には、「3・15事件」（29頁参照）により、共産党に対する「治安維持法」の本格的な適用が始まりました。この事件を受けて、1928年に緊急勅令「『治安維持法』中改正ノ件」（昭和3年勅令第129号）により、「国体変革」行為に対する厳罰化が図られました。1925年法の構成要件を「国体変革」と「私有財産制度の否認」に分離し、前者に対して「国体ヲ変革スルコトヲ目的トシテ結社ヲ組織シタル者又ハ結社ノ役員其ノ他指導者タル任務ニ従事シタル者ハ死刑又ハ無期若ハ五年以上ノ懲役若ハ禁錮」として最高刑を死刑に高めました。また、「結社ノ目的遂行ノ為《ため》ニスル行為ヲ為《な》シタル者ハ二年以上ノ有期ノ懲役又ハ禁錮ニ処ス」として、「結社の目的遂行の為にする行為」を**結社に実際に加入した者と同等の処罰をもって罰することとした**のです。**この目的遂行罪が、その後猛威を振るう**こととなります。

この改正案は議会において審議未了となったものを、緊急勅令のかたちで強行改正したものです。緊急勅令とは、「大日本帝国憲法」8条が、「1．天皇ハ公共ノ安全ヲ保持シ又ハ其ノ災厄ヲ避クル為緊急ノ必要ニ由《よ》リ帝国議会閉会ノ場合ニ於《おい》テ法律ニ代《かわ》ルヘ《べ》キ勅令ヲ発ス、2．此ノ勅令ハ次ノ会期ニ於テ帝国議会ニ提出スヘシ若《もし》議会ニ於テ承諾セサ《せざ》ル《る》トキハ政府ハ将来ニ向テ其ノ効力ヲ失フコトヲ公布スヘシ」と定めていたことに基づくもので、議会の議決なしで法律に代わる政令が制定できたのです。これは、国家緊急権規定の一部です。

《斎藤隆夫による死刑導入反対の討論》

この28年改正「治安維持法」によって、内容的にも手続き的にも極めて問題のある法律制度が猛威をふるうこととなるわけですが、これに反対した議員もいました。この緊急勅令について、議会承認を与えるかどうかが議論された１９２９年（昭和４年）３月２日の衆議院本会議において、後の粛軍演説等で有名な斎藤隆夫は改正案は憲法違反であると指摘し、次のように反対の討論を行っています。

「刑罰の目的は犯罪者を苦しめるにあらずして、犯罪者の身体を保護し、精神を教養し、犯罪者の人格を向上せしめて、以て一般の国民と共同の生活ができるやうにする」

「一度殺したならば、刑罰の目的といふ者は、全然達することが出来ないのであります」

「国民の代表の承諾を得ずして、殺人法を制定するが如《ごと》きは、政府として大いに警《いまし》めなければならぬのであります」

そして、演説の末尾は「明治大帝の御製の中に於いて、斯《か》くの如きものがある。『罪あらば我を咎《とが》めよ天津神《あまつかみ》民は我身の生みし子なれば』」と締めくくられている（内田博文『戦争と刑法』みすず書房１５６頁より）。

《１９３４年、35年（昭和９年及び10年）における改正企図とその挫折》

政府は、１９３４年、35年に「治安維持法」の改正案を国会に提出しました。その目的は、共産党を支援する外郭団体に対して目的遂行罪を適用することなく、これを直接取り締まろうとしたのです。もう一点は、国家主義運動を取り締まろうとする動機もありました。その背景には濱口雄幸《おさち》首相に対する右翼による狙撃事件（1930年）等も関係しているとされます。1931年には満州事変が勃発し、十月事件（1931年）、5・15事件（1932年）などの軍事クーデターの企図が行われました（4章で詳述する）。これらを受けて、**特高警察**（特別高等警察。1911年の大逆事件を契機に設置された反体制運動を取り締まるための警察内の組織）の中に右翼犯罪の対策部も設けられました。

1934年時点における「治安維持法」改正案のポイントは国体変革の罪の重罰化、国体変革目的結社の支援、外郭団体に対する罰則、国体変革に関する個人の宣伝も取り締まる、裁判所の令状なしの被疑者の勾留、勾引、事件の適切な裁判所への移送、思想犯への転向の促進と保護観察制度、刑期満了者で再犯のおそれのある者の予防拘禁などを内容としていました。

この時期には、「治安維持法」が主たるターゲットとしてきた日本共産党そのものが壊滅状態に陥り、この状態で、支援外郭団体の取り締まりを「目的遂行罪」を適用して継続することに、理論的な難点があったのです。

しかし、これらの法案は、議会での人権侵害を危惧する慎重意見によって、審議未了廃案となりました。政府は、既存の法案の拡大適用で対応できると考え[*3]、改正案は成立しませんでした。実際に、このような内容は、検察官が主導し、裁判官が追認する形で、運用面で次々に実現していったのです。外郭団体や48頁で後述する合法的無産政党や学者たちによって企てられた人民戦線など共産党と無関係な結社にも「治安維持法」は公然と適用されるようになっていきました。

《1941年改正による処罰範囲と死刑対象犯罪の拡大》

太平洋戦争開戦を目前にした1941年3月には条文数をこれまでの7条から65条とする全部改正(昭和16年法律第54号)が行われました。同法は同年5月に施行されましたが、禁錮刑はなくなり、有期懲役刑に一本化され、また刑期下限が全般的に引き上げられました。法違反者に対する政治犯待遇は消滅したのです。

「国体ノ変革」結社を支援する結社、「組織ヲ準備スルコトヲ目的」とする結社(準備結社)などを禁ずる規定を創設しました。「宣伝」も罰せられることとなりました。「過激社会運動取締法案」以来の内務省の念願が実現したのです。

1941年「治安維持法」改正によって、死刑の対象犯罪が拡大されました。国体変革目的だけでなく、私有財産否認目的で結社を組織した者、役員、指導者も、さらには結社の組織の準備することを目的として結社を組織した者、役員、指導者まで死刑の対象としました。

また、判事の行うべき召喚拘引《しょうかんこういん》などの身柄確保と拘禁のための措置等を検事の権限とし、二審制とし、弁護人は「司法大臣ノ予《あらかじ》メ定メタル弁護士ノ中ヨリ選任スベシ」として私選弁護人を禁じました。予防拘禁制度を採用し、刑の執行を終えて釈放するときに「更《さら》ニ同章ニ掲《かか》グル罪ヲ犯スノ虞《ところ》アルコト顕著」と判断された場合、新たに開設された予防拘禁所にその者を拘禁できる(期間は2年であるが、更新可能とされた)こととし、共産主義思想を改めない、非転向のものは永遠に拘禁できる制度となりました。まさに悪法の完成でした。

❖共産党をターゲットとした1925～1933年（「治安維持法」の初期の適用状況）

《「治安維持法」適用の全貌》

「治安維持法」の法改正の流れを概観しましたが、次に「治安維持法」が拡大適用されていった経過について、時代を追って、詳細に見ていきたいと思います。

「治安維持法」によって、1925年から1945年までの20年間に7万人以上が逮捕され、その10パーセントが起訴されました。日本本土での検挙者は約7万人（『文化評論』1976年臨時増刊号）、朝鮮半島では民族の独立運動の弾圧に用いられ、2万3000人以上が検挙されたとされます。「治安維持法」の適用については、1925年から28年までが成立期、28年から33年までが確立期、33年から35年までが展開期、35年から41年までが拡張期、41年から45年までが崩壊期とされます。このような時期区分は、奥平康弘教授による『「治安維持法」小史』（筑摩書房、1977年）によったものです。同著は、今読み直しても、「治安維持法」の動態を、その存続した20年間の間に「発展・変化」し、怪物化していくさまを、恐ろしいまでにその時代の流れの中にビビッドに描き出している古典的名著です。「治安維持法」についてさらに詳しく勉強したいという方には、この本がお薦めです。

《京都学連事件》

「治安維持法」の第1号適用事件とされるのは、京都学連事件です。事件は1925年12月に始まり、当初は「治安維持法」と関係なく、特高警察が令状なしで京都大学・同志社大学の大学生の下宿、自宅、寄宿舎を捜索し、大量の文書を押収しました。

その後、司法省検事局がこれらの証拠を元に、この事件を制定間もない「治安維持法」を用いて、1926年1月に学生運動を制限しようとして、学生多数を検挙しました。司法大臣自らが京都に赴き、捜査を督励したといわれます。

判決は1927年5月30日に下されました。野呂栄太郎、岩田義道、鈴木安蔵、石田英一郎など11名が禁固10カ月、そのほかの23名は禁固8カ月（うち15名は執行猶予）とされています。後年の同法の猛威に比べると量刑は軽いといえますが、このようにして悪法の適用は船出したのでした。この判決には被告人側だけでなく検察も量刑不当として控訴しました。そして、3・15事件後に下された控訴審判決では、一部の被告らは一審判決の倍以上の刑に処せられています。

《3・15事件》

1928年2月、第1回の普通選挙が実施されました。この普通選挙で、日本共産党は社会主義的な政党（無産政党）の衣をまとってではありますが、公然と大衆の前に姿を現しました。このような活動に危機感を抱いた政府（当時は保守的な政友会の田中義一内閣でした）は、選挙直後の3月15日、「治安維持法」違反容疑で、全国で日本共産党関係者らの一斉検挙を敢行《かんこう》しました。日本共産党、労働農民党などの関係者約1600人が検挙されたとされます。この「治安維持法」の適用は、明確に日本共産党とその周辺をターゲットとしたものでした。

小林多喜二はこの事件を題材として『一九二八年三月十五日』を発表し、共産党員に対する拷問の実態を暴き出しました。

以下に、同書から、主人公の渡に対する特高警察の拷問の場面を引用しておきます。伏せ字だらけですが、十分にその恐ろしさは伝わってくると思います。


渡は×にされると、いきなりものも云はないで、後から（以下十行削除）手と足を硬直さして、空へのばした。ブル／＼つとけいれんした。そして、次に彼は××失つてゐた。

然《しか》し渡は長い間の××の經驗《けいけん》から、丁度《ちょうど》氣合術師が平氣で腕に針を通したり、燒火箸《やきひばし》をつかんだりするそれと同じことを會得《えとく》した。だから、××だ！ その緊張――それが知らず知らずの間に知つた氣合だかも知れない――がくると、割合にそれが×えられた。

こゝでは、石川五右衛門や天野屋利兵衛の、×××××××は×××××××では決してなかつた。それは××××××××。然し勿論《もちろん》かういふことはある――刑法百三十五條「被告人に對《たい》し

全日本無産者芸術連盟機関誌『戦旗』1928年12月号に掲載された小林多喜二『一九二八年三月十五日』

ては丁寧親切を旨とし、其《その》利益となるべき事實《じじつ》を陳述する機會《きかい》を與《あた》ふべし。」（!!）

水をかけると、××ふきかへした。今度は誘ひ出すやうな戰法でやつてきた。

「いくら××したつて、貴方達の腹が減る位だよ。——斷然《だんぜん》何も云《い》はないから。」

「皆もうこツちでは分つてるんだ。云へばそれだけ輕《かる》くなるんだぜ。」

「分つてれば、それでいゝよ。俺の罪まで心配してもらはなくたつて。」

「渡君、困るなあ、それぢや。」

「俺の方もさ。——俺ア××には免疫なんだから。」

後に三四人××係（!）が立つてゐた。

「この野郎!」一人が渡の後から腕をまはしてよこして、×を××かゝつた。「この野郎一人ゐる爲《た》めに、小樽がうるさくて仕方がねエんだ。」

それで渡はもう一度×を失つた。」

「彼は強烈な電氣《でんき》に觸《ふ》れたやうに、

（以下六十六字削除）

、大聲《おおごえ》で叫んだ。

「××、××——え、××——え」

それは竹刀、平手、鐵棒《てつぼう》、細引でなぐられるよりひどく堪えた。

渡は、××されてゐる時にこそ、始めて理窟拔きの「憎い——ツ」といふ資本家に對する火のやうな反抗が起つた。××こそ、無產階級が資本家から受けてゐる壓迫、搾取の形そのまゝの現はれである、と思つた。

××××毎《ごと》に、渡の身體《しんたい》は跳ね上つた。

「えツ、何んだつて神經なんてありやがるんだ。」

渡は齒を食ひしばつたまゝ、ガクリと自分の頭が前へ折れたことを、××の何處《どこ》かで××したと思つた。——

「覺《おぼ》えてろ!」それが終《しま》ひの言葉だつた。渡は三度×んだ。

×を三度目に××返した。渡は自分の身體が紙ツ片のやうに不安定になつて居《お》り、そして意識の上に一枚皮が張つたやうに

小林多喜二

ボンヤリ[#「ボンヤリ」は底本では「ポンヤリ」]してゐるのを感じた。さうなれば、然しもう「どうとも勝手」だつた。意識がさういふ風に變調《へんちょう》を來《きた》してくれれば、それは××に對しては魔醉劑《ますいざい》のやうな効果を持つからだつた。

主任が警察で作つた×××の系圖《けいず》を出して、「もう、こんなになつてるんだ。」と云つて、彼の表情を讀《よ》もふとした。

「ホウ、偉いもんだ。成《な》る程《ほど》——。」醉拂《よっぱら》つたやうに云つた。

「おい、さう感心して貰《もら》つても困るんだ。」

係はもう殆《ほと》んど手を燒きつくしてゐた。

終ひに、皆は滅茶苦茶に×××たり、下に金の打つてある靴で蹴つたりした。それを一時間も續《つづ》け樣《ざま》に續けた。渡の身體は芋俵のやうに好き勝手に轉《ころ》がされた。彼の××「××」××××。そし

て時×××××××××が終って、渡は監房の中へ豚の臓物のやうに放りこまれた。彼は次の朝まで、そのまゝ動けずにうなってゐた。

小林多喜二。虐殺された遺体（1933 年 2 月 22 日撮影。写真提供：毎日新聞社）

小林多喜二は1933年2月に「治安維持法」によって再検挙され、直後に特高警察に殺害されました。特高警察による殺害は、同書に対する報復であったと考えられています。そのような意味で、『一九二八年三月十五日』は、小林の命によって購《あがな》われた、「治安維持法」の初の大規模適用の記念碑であるといえるでしょう。

3・15事件の際の特高警察の拷問について、議会での質問もなされています。1929年2月8日に労働農民党の山本宣治議員は、衆議院予算委員会において、福岡、大阪、兵庫、京都、函館、札幌、東京で拷問が行われたとして、具体的な被告人名をあげて質問しています。しかし、政府委員は、そのような事実は一切ないとして、最終的には答弁を拒否しました。*4 山本が七生義団という右翼団体に所属する黒田保久二《ほくじ》によって神田神保町の旅館の一室で短刀で刺殺されたのは、3月5日のことでした。黒田は懲役12年の刑に処せられましたが、恩赦によって9年に減刑され、1937年末には仮出獄しています。[*5]

3・15事件は、かつてない大規模な捜索と検挙が行われ、またこの事実が報道機関によって国民に誇示されました。その効果は次のような点に現れました。

①この事件と報道によって、前述した「治安維持法」の緊急勅令による改悪を可能とした。
②特高警察の組織拡大と機能の拡大をもたらした。
③この事件を契機として思想検事の制度が発足した。
④文部省と高専大学当局による学生思想対策が強化された。
⑤憲兵と陸海軍の思想統制の強化がなされた。[*6]

《4・16事件と刑罰の重刑化》

1929年には、改正された「治安維持法」によって、3月28日に党組織部員が特高警察によって検挙され、その党員が党員名簿を持っていたことから、4月16日に全国で共産党員らの検挙が行われました。その後も検挙は続けられ、党の中央指導部を構成していた幹部のほとんどが逮捕されました。1929年中に4942人が「治安維持法」違反で逮捕されたとされます。

3・15と4・16の2大事件の刑事公判は、東京については、3・15関係が、予審終結が1930年4月、4・16の予審終結を待って、1931年6月25日から統一公判が開始されました。公開の裁判が始まるまで2年以上もかかったということです。

1932年10月29日に被告人181人に判決が言い渡されました。無期懲役が4名（市川正一、鍋山貞親、佐野学、三田村四郎）、懲役15年・2名、12年・1名、10年・12名となっています。無期懲役とされた佐野と鍋山がその後真っ先に転向していますから、この重刑判決は効果てきめんでした。

1930年から1931年にかけて共産党に対する第三次検挙が行われます。

このときの検挙は、党員、フラクション（外部団体内の共産党組織）、資金提供者、文化運動などで共産党と関係の深い外郭団体などに広く及び、改正法の「目的遂行罪」を駆使し、特高警察は党組織の周辺にいるシンパを叩く行動に出たのです。*7

《赤化判事事件》

1932年11月、現職の東京地裁判事・尾崎陞《すすむ》らが「治安維持法」違反の容疑で検挙されました。この事件は、「光輝ある裁判所に一大不祥事勃発す」とのセンセーショナルな見出しで報道され、つづいて、1933年2月には長崎地裁為成《ためなり》養之介判事も検挙され、赤化《せっか》判事事件として大々的に報じられました。*8

《多くの死刑判決・執行をもたらした朝鮮における「治安維持法」の適用状況》

28年緊急勅令で改正された「治安維持法」は死刑を規定しましたが、日本人に対する死刑判決は出されていません。「治安維持法」犠牲者国家賠償要求同盟の調査によると、明らかな虐殺が69人、拷問・虐待が原因で獄死した者が249人、病気その他による獄死1503人にも及ぶ命が奪われましたが、

「治安維持法」によって死刑は適用されなかったと考えられてきました（荻野富士夫編『治安維持法関係資料集　第4巻』515頁）。しかし、それは植民地に目を向ければ事実に反することがわかります。同法は1925年5月、天皇の「勅令」によって、本国と同時に、朝鮮、台湾などの植民地にも施行されました。同法適用の最初は日本本土では26年1月の京都学連事件であることは前に述べましたが、水野直樹氏の論文によれば朝鮮ではそれより前の25年11月、66人が検挙された第一次朝鮮共産党事件が発生しています[*9]。

朝鮮では、「28年、斎藤実総督狙撃事件で2人に死刑判決」「30年、5・30共産党事件で22人に死刑判決」「33年、朝鮮革命党員徐元俊事件で1人に死刑判決」「36年、間島《かんとう》共産党事件で被告18人に死刑執行」「37年、恵山事件で5人に死刑判決」「41年、「治安維持法」で5人に死刑判決（第1審）」などの例が、水野論文に示されています。水野氏は、上記論文において、日本国内では、28年から38年までの間に「治安維持法」違反で無期懲役が確定した者はわずか1名だった[*10]が、朝鮮では39名に上っていることも報告しています。懲役15年以上の刑について見ても、日本が7名であるのに対し朝鮮は48名となっているとしています。日本国内と朝鮮とでは、著しく量刑に差別があったと言わざるを得ません。

たとえば、「朝鮮ノ独立ヲ達成セムトスルハ我帝国領土ノ一部ヲ僣窃シテ其ノ統治権ノ内容ヲ実質的ニ縮小シ之ヲ侵害セムトスルニ外ナラサレハ即チ「治安維持法」ニ所謂《いわゆる》国体ノ変革ヲ企図スルモノト解スルヲ妥当トス」（新幹会鉄山支部設置にたいする「治安維持法」違反事件、30年7月21日、朝鮮総督府高等法院判決）という判決にも示されているように、朝鮮独立を求める民族主義運動は、日本国の一部を奪おうとするものであり、国体変革を企図する者として最初から「治安維持法」が適用されていたのです。

この点は、水野氏の調査によって明らかにされるまで、見落とされてきた論点であり、日本国内と植民地において、「治安維持法」が適用を拡大していった過程については、異なった法論理と適用段階を画していることがわかります。

❖共産党の周辺に大きく広がる適用範囲と転向政策の進展

《長野教員赤化事件で共産党以外が起訴される》

「治安維持法」が共産党ではなく、その周辺に大規模に適用されたのは、1933年2月に検挙が始まった長野県教員赤化事件です。この事件は、共産党系とされる労働組合である全協加盟の教員組織、コップ（日本プロレタリア文化連盟）加盟の文化団体組織の線から長野県下の全域の教員が次々に検挙され、6月末までには230名が検挙されたという事件です。

起訴された者だけでも、29名に及びますが、この中には誰一人、日本共産党の党員も共産青年同盟の同盟員だった者もいないという特徴を持つ事件でした。この事件は、共産党を主対象としてきた「治安維持法」がその周辺部分を主たる対象とするものに変化していく過程を示しています。

長野県は有数の教育県であり、このような地域で大規模な赤化事件が発生したという宣伝がなされ、中央から控訴院検事が長野まで出向いて督励しています。この事件は、1931年9月の満州事変後の時局に対応して、教育界の引き締めを図るという目的で、有効に活用されました。*11

《佐野・鍋山転向声明で転向ブームが起きる》

1933年6月9日、日本共産党中央委員であり、「治安維持法」違反で無期懲役の一審判決を受け、高等裁判所で裁判が続いていた佐野学と鍋山貞親の2名が転向声明書を公表しました。声明発表後、平田勲思想係検事と第一審裁判長であった宮城実判事が市ヶ谷刑務所を訪問し、「今後できるだけ転向同意の機運を助長する」と言明したとされます。そして、両名の「共同被告同志に告ぐる書」は当局の手によって600名の共産党関係被告人に送付されました。

この声明は、コミンテルン（共産主義インターナショナル）批判、天皇制廃止論の批判、戦争反対論への批判（進歩的戦争の肯定＝日本が行おうとしている戦争は進歩的戦争であり、これは否定すべきものではない）、民族自決原則の批判などからなっており、社会主義的政策を堅持するとしていますが、満州事変後の日本国内のナショナリズムの高まりを受けて、国家社会主義＝ファシズムに傾く内容となっていると評価できます。

このような、組織的な働きかけにより、7月末までに転向した者は、未決囚1370名中415名（約30％）、既決囚393名中133名（約34％）に及びました。まさに、転向ブームが起きたのです。

この背景には、1931年9月の満州事変、1932年5月の5・15事件などを契機としたナショナリズムの高まりによる市民全体の意識の変化もあったと考えられますが、「治安維持法」による拷問、裁判、そして無期懲役を含む重刑が直接的な契機であることは明らかです。

この転向により、佐野と鍋山、三田村は1934年5月の控訴審判決では懲役15年に減刑されるなど転向組は軒並み減刑されました。他方で非転向組の控訴は棄却され、原審通りの刑が確定しました。

まさに、「治安維持法」が、共産主義運動ではなく、**共産主義思想そのものの処罰を本質としていた**ことが、この控訴審判決結果から確認できます。

《共産党とその外郭団体そのものを適用対象とする弾圧の完了と法の変質》

奥平氏は、1933年の末期が「治安維持法」の適用における大きな画期であると指摘しています。1933年は、「治安維持法」による検挙者数が最高数に達した年でした。そして、共産党系と目された労働組合である「全協」（日本労働組合全国協議会）そのものを「国体変革結社」と位置づけ、そのメンバーを根こそぎ検挙していったのです。また、コップやその加盟団体に対する一斉検挙が敢行されました。つまり、この時期までで日本共産党とその周辺外郭組織に対する弾圧はほぼ完了し、散発的な活動は続くとしても、共産党とその周辺組織による大規模な組織活動は不可能となったのです。[*12]

この時点で、「治安維持法」は歴史的な任務を終えたとして、その適用を縮小・廃止することもあり得たはずです。しかし、歴史はそのようには進みませんでした。いったん始まった特高警察組織は増殖を重ね、新たな適用対象を求めていくこととなったのです。**治安機関は、自らの生き残りをかけて適用対象を作り出す傾向があります。治安立法の動態を見るときに、このような歴史的展開を、鋭く反省しておく必要があります。特高警察は「治安維持法」と「軍機保護法」を運用するための警察組織でした。**

公安警察は、共産党と新左翼などの反体制組織をターゲットとしてきましたが、1980年代末に東西冷戦が終了し、新左翼過激派による刑事事件なども終了し、公安警察の組織は縮小されました。しかし、1995年オウム真理教や2001年9・11テロ事件、2013年「秘密保護法」制定などを通じて、確実に組織を復活・拡大させ、権力の中枢部を牛耳る組織として進化してきました。公安警察の新たな適用対象の創出のための道具の第一弾が「特定秘密保護法」であり、第二弾が、「共謀罪＝テロ等準備罪」の制定であると考えることには十分な歴史的根拠があるのです。

第二次大本事件の傷跡（1952年）

❖共産主義と無縁な団体への拡張適用

《大本教事件》

特高警察は、「治安維持法」の適用対象を、共産党の周辺の外郭団体から、宗教団体へと拡大を図りました。「治安維持法」は、創価学会や天理教、キリスト教関係にも適用されましたが、ここでは宗教団体に最初に適用された第2次大本《おおもと》教《きょう》事件を取り上げます。その理由は、宗教団体に対する初適用事例であるというだけでなく、そのやり方がすさまじいものであったからです。

1935年12月8日、京都府の綾部と亀岡にあった大本教の施設を、約500人の警官隊が襲いました。罪名は不敬罪（天皇や皇族に対して不敬の行為を行うことを罰した刑法規定。1947年に廃止された）と「治安維持法」違反でした。捜索は6日間におよび、検束や出頭を命令された信徒は約３０００人、９８７人が検挙され、３１８人が検事局送致、61人が起訴されました。特高警察による激しい拷問で起訴された61人のうち16人が死亡したとされます。[13]

この事件の全貌を取材し、明らかにしたのが、早瀬圭一『大本襲撃』（毎日新聞社、２００７年）です。

この本によると、大本教に対する「治安維持法」の適用は、大本教が政治的な志向を強めていると考えた内務省の唐沢俊樹警保局長、[14]相川勝六[15]保安課長が発案し、１９３４年10月に杭迫《くいさこ》軍二を京都の特高警察課長に任命し、内偵捜査と教義の調査を命じたところから始まります。杭迫軍二は大本教の組織の内偵を始め、大本教の二大教祖の一人である出口王仁三郎《おにざぶろう》による教義書を読破し、大本の教義が天皇制と相容れないと考え、その取り締まりを上司に進言します。[16]杭迫らは、大本教は抵抗のために武装していると考え、完全武装で検挙に臨みました。当局は裁判前に教団施設を完全に破壊しました。神殿の破壊にはダイナマイトが使われ、その蔵書も全て燃やされたといいます。この物理的な破壊のすさまじさが、大本教が邪宗であることと容赦ない「治安維持法」の権威を示すものとして、国民に印象づけられたのです。

３月13日、林頼三郎司法大臣は不敬罪と「治安維持法」の嫌疑で起訴を決定し、潮恵之輔内務大臣は大本解散命令を決定しました。裁判は１９３８年８月10日に京都地方裁判所で開始されました。１９４０年２月29日の第一審判決では、検察側の主張を認めて被告55人に有罪（起訴61人中死亡５人、心神喪失公判停止１人）判決が言い渡されました。

控訴審は同年10月16日に始まり、１９４２年７月31日、高野綱雄裁判長は「大本は宇宙観・神観・

人生観等理路整然たる教義を持つ宗教である」として、「治安維持法」関係全員無罪の判決を言い渡し、不敬罪については有罪判決を維持しました。検察官が作成した調書の信頼性が低いことが指摘されています。しかし、「治安維持法」違反について無罪判決が下されたことは、当時の新聞によってほとんど報道されず、教団とそのメンバーの名誉回復にはつながりませんでした。*17

〈コラム①〉特高警察による宗教弾圧

山口 広

いずれも絶版となっているが、『宗教弾圧を語る』（小池健治他編、岩波新書）と『大本襲撃』（早瀬圭一 毎日新聞社）を読んで考え込んでしまった。

当初共産主義者に限定して適用するとされていた「治安維持法」は、特高警察によって共産党関係者（左翼）の鎮圧が終わった昭和10年以降、天皇制に批判的な、あるいは国体より自宗派の教義優先を正面から提唱する教団の弾圧に向かった。

そこで使われたのは教祖のセックススキャンダルや脱税、信者からの献金収奪などの疑惑でもあった。

まず事実を見よう。

壮麗をほこった月宮殿は15000発のダイナマイトによって破壊された（『巨人 出口王仁三郎』）

◉1．大本教の弾圧

・大正10年2月12日に不敬罪と「新聞紙法」違反事件摘発。その後出口王仁三郎は5年など3人が実刑となったが大審院で免訴。
・昭10年12月8日に2度目の大量検挙。
・昭11年5月、「治安維持法」違反で61人起訴。
・昭15年2月29日、京都地裁で治安維持法等ほぼ全員有罪で、出口王仁三郎は無期懲役。
・昭17年7月13日、大阪控訴院で徳重氏ら7人だけ有罪、出口は治安維持法違反は無罪で、不敬罪と新聞紙法違反のみで有罪で懲役5年。
・昭20年9月8日、大審院で検察・弁護双方の上告棄却（終結までに61人中16人死亡）
出口王仁三郎（聖師）が天皇に代わって日本を支配しようとしているとの容疑。綾部と亀岡の大本教本部は、ダイナマイト爆破などで破壊され、敷地は自治体に安価で売却された。

◉2．ひとのみち教団の弾圧（戦後PL教団に改称、新宗連を結成）
・昭11年9月27日、2代目教祖就任式で大阪本部に13000人参集の翌9月28日、十余名拘引。不敬罪で教団に結社禁止処分、解散、財産処分、建物破壊。
・昭15年3月30日、大阪地裁、不敬罪で2代目教祖は懲役4年の判決。
・昭17年2月21日、大阪控訴院で3年の判決。
・昭19年10月31日、大審院で上告棄却。
・昭20年10月9日、GHQ命令で釈放。
不敬罪の根拠は、①教祖を絶対の人として天皇より上位とした、②病気災難を心の間違いからくると説くが、近視でかぜを引く天皇は心の間違いか、③教義の根幹に教育勅語を掲げ自宗教の宣伝に利用した。

●3．新興仏教青年同盟事件の弾圧

既成教団は腐りきっているとして、仏教原理の立て直しを提唱した妹尾義郎、小野清一郎（後の東大教授・刑法）らは、国体を変革して仏国土をつくろうとするもの、一殺多生で新社会を建設せんとするものとして妹尾外約30人を起訴。

思想検事で公判担当の長部は、戦後最高裁判事になった。

●4．ほんみち教団の弾圧（天理教の分派）

・昭3年、不敬罪で大西教祖ら拘引。
・昭5年、大西ら無罪判決（精神異常とした）
・昭13年11月21日、不敬罪と「治安維持法」違反で大西ら拘引。地裁・高裁で有罪判決
・昭25年10月9日、政治犯としてGHQ命令で上告中に釈放

「研究資料」に「天皇に天徳なし、現人神ではない」「日本統治の資格もない」と書いたなどの容疑。

●5．ホーリネス教会等キリスト教への弾圧

・昭17年6月26日（開戦半年後）と18年2月に大量検挙。
・日本基督教団第6部（日本聖教会）は56人検挙、内49人起訴。実刑8人。
・同教団第9部（きよめ教会）は60人検挙、内32人起訴、11人実刑（実刑の19人中7名が獄死又は釈放後間もなく死亡）。

・このほかセブンスデー・アドベンティスト教会は39人、キリスト同信会は14人が検挙された。
・昭16年5月15日の「治安維持法」改悪により国体の変革、私有財産制度を否定する者たちを「支援・協議、煽動、宣伝したと見なされる場合」も罪とした。すべての人間は罪びとであり、天皇も人間なら罪人で救われるためにはキリストのしょく罪が必要としたことなどが起訴事実。

私は1987年以降、30年間にわたって統一教会（2015年9月から、世界平和統一家庭連合と改称）による霊感商法やマインドコントロールの手口による違法な精神・行動の呪縛（その典型が合同結婚式参加指示）の問題に取り組んできた。破壊的宗教カルトによる人権侵害や消費者被害は法的対応が必要である。その延長線上にオウム真理教によるサリン事件があり、IS等イスラム原理主義に染まった若者による無差別テロがある。私は、2007年から2010年の間、警察が相次いで統一教会信者を摘発したことを高く評価している。あの摘発を機に統一教会の違法な資金獲得活動による被害は、根絶できてはいないが、格段に鎮静化したことはまぎれもない事実だ。

宗教的活動であるからとして尻込みすることなく、そこに組織的人権侵害や違法な資金収奪があれば毅然として摘発されるべきだ。宗教は国境や民族を越えて人の人生や社会に貴重な価値観やムーブメントを提示する力を持つだけに、その行きすぎによる被害は放置されるべきではない。

日本社会はオウム真理教による重大な組織的犯罪を体験した。過剰な警備・捜索は許されないが、犯罪行為が組織的になされている事実があれば、現行法に基づいて摘発されるべきである。

イスラム原理主義による自爆テロの犯人となっている若者たちも、統一教会やオウム真理教と通底するマインドコントロールの手口によって精神を支配されている要素があるのではないか。その意味で、若者が破壊的カルトによる精神支配の被害者になって反社会的犯罪行為を実行する前に、足が地に着いた考え方を自分自身で身につけることができるようにサポートするカウンセリングが重要である。決して簡単ではないが、既成諸宗教団体の信者を含む宗教者や心理カウンセラーなどによるカウンセリングなどの取り組みが重要だと思っている。

一方で国のために出征していく若者たちや、その若者たちを提灯行列までして万歳三唱で送り出した市民の異常性を思う。中国や東南アジアなど未知の国に派遣されて、現地の敵対者を殺しに行く若者。その若者を「しっかり人殺ししてこい」と送り出す市民。もちろん、「お国のため、天皇陛下のため」我が身を捨てることこそ日本国民の使命であり、ほまれであると教え込まれていたことが原因である。それにしても、どうしてそんな残酷なことを日本国中でやったのか、今となっては想像するしかないが、心底怖いと思う。

私の尊敬する日弁連会長だった故土屋公献弁護士から、戦時体験を聞いたことがある。土屋先生は、自ら志願して兵役に就き外地に派遣された。当時、土屋先生は（立派に軍功をあげて）死ぬことしか考えていなかったと話された。戦地で抵抗した現地の人を殺すよう上官に指示されたが、先輩がかわりにやって下さったと話された。「今考えると、とんでもないことだけど、当時は周囲がみんなそれを正しいこと、臣民として当然と思っていたんだよね」と。

私たちの東京共同法律事務所の創立者である故角尾隆信弁護士は、戦時中、学校教員として教育勅語の思想に基づく忠臣愛国教育をさせられたことの悲しさや苦悩を言葉少なに我々後輩に語って下さったことがある。

私は、破壊的カルトによるマインドコントロールのせいで、反社会的な違法行為を信者としてなすべきことだと信じてやり続ける多くの信者に接してきた。その体験から、土屋先生や角尾先生のような知性・教養あふれる若者が、国のために人を殺すことが正しいことと信じて兵役に行き、そうなるよう教師として教えるようになる状況が実感できる。「文鮮明教祖から、山口広弁護士を殺すことがあなたの使命だと指示されたら、私は山口先生を殺害する行為を拒否できなかったと思います」と複数の元信者から言われた。破壊的カルト信者と戦前・戦時中の若者とを同列に考えることはどちらからも批判されかねないが、私は集団催眠（マインドコントロール）のスキームこそ違っているものの、基本構造は似ていると思う。

今、「共謀罪」の制度化が目論まれている。2013年12月「秘密保護法」が制定され、2015年9月には「安保法制」が採択され、日本を再び戦争をできる国にするための法制度が固められつつある状況下で、この「共謀罪」の制定は戦前のマインドコントロール下の日本を再来させることになるのではないかという強い危機感を禁じ得ない。

そんな思いもあって、私は『宗教弾圧を語る』と『大本襲撃・出口すみとその時代』などを読み、戦前の宗教弾圧の実情とその問題点を考えてみた。そして、これは決して絵空事ではない、これから10年後の日本に起こり得ないことでもないと痛感した。前述したカルト対策、無差別テロ対策は、現行法下でも十分できることだ。宗教的活動が共謀罪の刑事捜査の対象とされることの弊害はあまりにも重大で、戦前の宗教弾圧の再来が危惧される。いったん共謀罪が制定されたら歯止めがなくなることを肝に銘じたい。

《人民戦線事件》

日中戦争が始まった直後に当たる1937年12月15日、コミンテルン（共産主義インターナショナル）の反ファシズム統一戦線の呼びかけに呼応して日本で人民戦線の結成を企てたとして労農派系の大学教授・学者グループが一斉検挙されました。第一次検挙では、代議士の加藤勘十・黒田寿男をはじめとして山川均・荒畑寒村・鈴木茂三郎・岡田宗司・向坂逸郎・大森義太郎など446人が検挙されました。

1938年2月1日の第二次検挙では、大内兵衛・有沢広巳・脇村義太郎・宇野弘蔵・美濃部亮吉や佐々木更三・江田三郎など大学教授・運動家を中心に38人が検挙されました。

いずれも「国体変革」「私有財産否定」を目的としたとして「治安維持法」で起訴され、多く（第二次検挙で逮捕された教授グループは全員）は、1944年9月2日の二審判決で無罪が確定しています。

他方、加藤・鈴木・山川らは有罪とされましたが、敗戦で「治安維持法」が廃止されたため、加藤らは全員1945年には免訴となっています。

これらの被告人の中には、山川均のように、初期に共産党に関与した者も含まれますが、そのほとんどは共産党とは全く関係がありませんでした。関係がない者、なくなっていた者が、「治安維持法」によって検挙された点で、段階を画する適用拡大の事例でした。この事件は、日本共産党とその周辺に限定されていた「治安維持法」の適用範囲が、非共産党のマルキスト・社会主義者全体に及ぶこととなったことを示すものです。

加藤勘十が委員長を務めていた日本無産党（1937年に結成された、東交、市従などの労働組合を中心に結成された無産政党。戦後の社会党につながる人たちによって結成されたが、同年末に禁止された）とその系列労組である日本労働組合全国評議会は、結社禁止処分となり解散させられました。[*18] 無産党は共産党と一字違いだ等として検挙されたとも言われます。また、当時のコミンテルン議長ゲオルギ・ディミトロフ（後のブルガリア首相）が反ファシズム人民戦線を呼びかけ、1936年には、フランスやスペインで人民戦線政府が樹立されました。このような国際情勢を受け、幅広い反ファシズム戦線を構築することが、「窮極のところ」共産党の目的を遂行することになるという論理で、検挙がなされたのです。

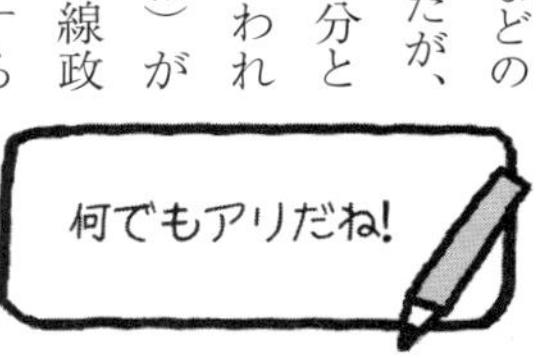

そして、このような検挙は、無産政党の中の右派である社会大衆党が日本無産党と共闘することを阻止し、社会大衆党が政府の進める戦争に協力していく道筋を歩むこととなる大きなきっかけともなりました。「治安維持法」は、ファシズムに抵抗する合法的な政治勢力の共闘を阻むための道具へと進化したのです。

《唯物論研究会事件》

次に、多くの研究者の獄死をもたらした唯物論《ゆいぶつろん》研究会事件について、紹介します。

「唯物論研究会関係者「治安維持法」違反被告事件」とは、1938年11月29日早朝、雑誌『唯物論研究』改め『学芸』にかかわる主要メンバーが一斉検挙されたことに始まる事件です。このときとその前後に検挙されたのは、岡邦雄、戸坂潤、永田広志、森宏一（本名、杉原圭三）、伊藤至郎、伊豆公夫（赤羽寿）、武田武志（沼田秀郷）、服部之総、信夫清三郎、古在由重ら30余人であり、山田洋次監督の映画『母べえ』のモデルとなった新島繁（野上巌）もその一人でした。

「唯研事件」は、1940年1月の第2次一斉検挙（本多修郎、今野武雄、岩崎昶ら12人）、さらに2～3000部発行されていた雑誌の購読者にまで数年にわたって追及がつづき、検挙者は総数100人余ともいわれます。

唯物論研究会は、唯物論（精神の根底には物質があるとする考え。観念論の対極。マルクス主義は唯物論のひとつであるが、唯物論＝マルクス主義ではない）の学問的研究のための幅広い研究団体をめざし1932年10月に結成されました。発起人には長谷川如是閑、三枝博音、羽仁五郎、船山信一、大塚金之助、住谷悦治ら40人が名を連ねていました。月刊誌『唯物論研究』を発行、『唯物論全書』を出版、研究・講演会をひらくなどしていましたが、弾圧が必至となった38年2月、会の解散を決議、雑誌名を『学芸』に変えていました。

裁判では「…日本共産党ノ目的達成ニ寄与…支援スルコトヲ目的トスル唯物論研究会ナル結社ヲ組織シ」（控訴審判決）たとし、1944年4月、戸坂、岡に懲役3年、永田に同2年半、森、新島、伊豆、伊藤に同2年の刑が確定しました。戸坂は45年8月9日、長野刑務所で、栄養失調で疥癬《かいせん》を病み腎臓を悪化させ獄死しています。理論活動を行い、雑誌を発行し、講演会を開催しているだけの研究団体が、「治安維持法」の目的遂行罪に問われたことは、やはり段階を画する事件でした。永田、伊藤も獄中の虐待がもとで戦後間もなく死んでいます。*19

❖太平洋戦争下における「治安維持法」の適用

《横浜事件》

太平洋戦争下においても「治安維持法」の適用は続きました。横浜事件は、1942～4年にかけて生じた、ジャーナリストに対する「治安維持法」適用事件です。横浜事件については、多くの関係者が記録を公刊しています。[*20]

雑誌の編集者、新聞記者ら約60人が逮捕され、約30人が有罪となり、4人が獄死しました。横浜事件の発端は、1942年9月に川田寿、川田定子が検挙されたことです。川田夫妻は1941年1月に帰国し、世界経済調査会に勤務していました。特高警察は、川田夫妻がアメリカ共産党からの指令によって、日本共産党の再建運動を展開していると考え、拷問を交えた取り調べを敢行しました。その拷問は筆舌に尽くせないすさまじいものであったとされますが、何の成果も得られませんでした。川田はアメリカにおける米国共産党における活動だけで起訴されました。

他方で、1942年に総合雑誌『改造』（8～9月号）に掲載された細川嘉六の論文「世界史の動向と日本」がきっかけとり、『改造』が発売禁止処分にされ、同年9月に細川が「新聞紙法」違反の容疑で逮捕されました。この論文は、検閲を経て出版されていたものであるにもかかわらず、それが突如としてコミンテルンと日本共産党の目的遂行罪として追及が始められたのです。捜査中に、『改造』や『中央公論』の編集者などが細川の郷里である富山県泊町の旅館に宿泊した際の記念写真が発見され、この会合が、日本共産党再結成の謀議をおこなっていたものとして追及されました。

この会合は、1942年7月5日に富山県の泊町の旅館「紋左」で、細川の新著『植民史』の出版

旅館「紋左」の中庭で西尾忠四郎さんが撮影。撮影者の西尾さんも逮捕された（提供＝木村まき）

記念と懇親の会でした。そもそも、もし、共産党の再建の準備を話し合った会議があったとして、それは厳重に秘密とすべき会議であり、そこで記念写真など撮影するでしょうか。この特高警察の捜査の初動からして、極めて疑わしいものだったと言わざるを得ません。

ところが、神奈川県の特高警察が１９４３年５月26日に、相川、小野、木村、加藤、西尾の５名を一斉に検挙し、さらに、改造社、中央公論社、朝日新聞社、岩波書店、満鉄調査部などに所属する関係者約60人を次々に「治安維持法」違反の容疑で逮捕しました。この事件における拷問はとりわけ激しく、４人が獄死しています。

判決は、ポツダム宣言受諾後の１９４５年８月下旬から９月にかけて言い渡され、約30人が執行猶予付きの有罪とされました。裁判所は戦犯追及を恐れて裁判記録を焼却しました。そのため、遺族が再審請求にあたって提出した「確定判決書」はアメリカ国立公文書記録管理局に保存されていたものをコピーしたものでした。

戦後に、拷問を実行した特高警察官30人が告訴され、そのうち３人が有罪となっています。この裁判の記録が再審請求の重要な資料となりました。裁判官、検察官に対する責任の追及はなされませんでした。その後も、無実を訴え続けた元被告人やその家族、支援者らによる再審請求が繰り返され、１９９８年に申し立てられた第３次再審請求について、横浜地裁は２００３年に再審開始を決定しました。[*21]

東京高裁は２００５年３月１０日の抗告審決定において、特高警察官の拷問を認定した確定判決から、被告人らに対して相当回数にわたり拷問が行われ、その結果虚偽の自白をしたと認められ、自白以外に証拠がほとんどないため、有罪の事実認定は揺らいでいるとしました。

開始された再審公判では、横浜地裁は、２００６年２月９日、「治安維持法」は失効し、被告人が恩赦を受けたことで、免訴判決を言い渡すのが相当であると判決しました。この判決は東京高裁（２００７年１月19日）、最高裁（２００８年３月14日）でも維持されました。

第４次再審請求では、横浜地裁は、２００９年３月30日、前記の最高裁判決をふまえ、免訴を言い渡しましたが、事件の被告が無罪である可能性を示唆し、免訴では、遺族らの意図が十分に達成できないことは明らかであり、無罪でなければ名誉回復は図れないという遺族らの心情は十分に理解できると述べ、刑事補償手続によって名誉回復をはかる途を示唆しました。この判決は、そのまま確定し、２００９年４月30日に第４次再審請求の元被告遺族は、同判決の示唆に従い、刑事補償の請求手続きを横浜地裁に行いました。

２０１０年２月４日、横浜地裁は元被告遺族に刑事補償を交付する決定を行い、特高警察による拷問を認定し、共産党再建準備とされた会合は「証拠が存在せず、事実と認定できない」としました。その上で確定有罪判決が「特高警察による思い込みや暴力的捜査から始まり、司法関係者による事件の追認によって完結した」と認定し、「警察、検察、裁判所の故意、過失は重大」と結論づけたのです。

横浜事件の再審請求事件は、実に67年という長い時間をかけて、特高警察による拷問の存在と、「治安維持法」による冤罪の発生について検察と裁判所までが責任を負うべきことを明らかにした、画期的な司法闘争であったということができます。

《企画院事件》

もうひとつの戦時下における「治安維持法」の適用事例として、企画院事件をあげることができます。企画院事件は、二つの事件からなります。1939年から始まった「判任官グループ」事件と1940年以降の「高等官グループ」事件がそれです。

企画院とは、国策研究機関です。この事件は政府内で起きた「治安維持法」違反事件としての特徴があります。しかし、その実体は奥平氏が指摘するように「空中楼閣」のような事件でした。

1938年10月に京浜工業地帯における労働者の研究会に対する一斉検挙事件が起きました。この「京浜グループ事件」において、講師を務めていた企画院所属の芝寛が逮捕されます。芝による自供をもとに、企画院内若手判任官による研究会が「治安維持法」違反で検挙されました。しかし、この研究会は、企画院内部で認可された小規模な勉強会にすぎませんでした。

さらに1940年10月に企画院は、「経済新体制確立要綱」を公表しました。これは戦時統制経済を進めようとするものでしたが、財界などからは社会主義的として攻撃され、1941年1月から4月にかけ、この要綱の策定にあたった稲葉秀三、和田博雄、勝間田清一、和田耕作ら中心的な企画院調査官および元調査官（高等官）が「治安維持法」違反容疑で検挙されました。

判任官グループのうち、芝には1940年に実刑判決が下されましたが、それ以外の被告には執行猶予つきの有罪判決が下されました。高等官グループについては検挙後約3年間拘禁されましたが、保釈され、敗戦後の1945年9月に1名を除いて、全員が無罪となりました。この事件は満鉄調査部事件（1942、43年、南満州鉄道の調査部員多数が、関東軍の憲兵によって「満州国治安維持法」（1937年制定）違反に問われた事件。調査部に左翼からの転向者が勤務していたことから、立件されたとされるが、その実態はでっち上げであったとされる）に発展していきました。企画院事件が発生したとき、岸信介は総動員行政の中核を担う商工次官でした。岸自身は、検挙は免れましたが、1941年初頭に事件の責任を取って次官を辞任しています。岸は同年の10月には東条内閣の成立と共に商工大臣に返り咲くことができましたが、安部首相は自らの尊敬する祖父が、「治安維持法」違反事件に連座したことを知っているのでしょうか（小林英夫『昭和ファシスト群像』校倉書房、1984年、242頁）。

検挙された者の多くはかつて左翼運動に参加し、「治安維持法」違反によって検挙された経験があり、その後転向したとされていた者たちでした。近衛文麿のブレインとされる私的研究会である昭和研究会のメンバーとも重なっていました。彼らの政策提言は陸軍省軍務局から支持されていましたが、財界（小林一三商工大臣ら）からは国体と相容れないと指摘されていました。

この事件は、「治安維持法」が国家権力内部の権力闘争の道具としても機能しうるものであったと

いう驚くべき事実を示しています。

❖「治安維持法」を追認した司法

《特高警察と思想検事主導で拡大されていった「治安維持法」》

「治安維持法」の運用は特別高等警察と思想検事によって担われました。

特別高等警察とは、反体制活動の取締りのために設置された戦前警察の一部門で、思想警察として主として社会主義運動の取締りにあたった警察のことです。１９１１年、幸徳秋水らの大逆事件後に警視庁に特別高等課が設けられたのが始まりとされ、12年に大阪府に、23年には北海道、神奈川、長野、京都、兵庫、愛知、山口、福岡、長崎の各府県にも設けられるにいたりました。

また、思想検事とは、治安体制の一方の核として特高警察と両輪をなして、「治安維持法」の適用の最前線で働いた検察官の呼称です。思想検事は、「倫理上の善悪の審判者」を自任し、治安諸法令の制定・運用を主導し、保護観察・予防拘禁などの抑圧装置を次々と作り出しました。

この思想検事の系譜は、戦後の検察庁公安部へと継承されています。

《裁判官の独立と「治安維持法」》

「治安維持法」の適用拡大に対して、裁判所は基本的に無力でした。赤化判事事件への対応から、部内の非共産主義化の徹底を図らざるをえず、検察官が考え出した法の適用範囲を拡大するためのさまざまな理屈を、裁判所はためらうことなく追認し、「治安維持法」は、次々に自己増殖し、どんどん毒性の高い法律となっていきました。

とりわけ共産党周辺だけでなく、「目的遂行罪」を通じての合法無産政党や宗教団体などへの拡大については、裁判所による歯止めはほとんどないに等しいものでした。

しかし、大変興味深いことは、日本の裁判所は人民戦線事件と大本教事件や企画院事件などでは無罪判決を下していることです。この点は、警察による検挙そのものがあまりにもひどかったという見方もできますが、戦時体制の下であっても、裁判官として司法の独立を守ろうとした少数の裁判官がいたことは特筆されるべきです。

しかし、このような事実はほとんど報道もされませんでしたから、市民に知られることもありませんでした。結果として、これらの無罪判決は、「治安維持法」の拡大適用に警鐘を鳴らし、暴威を食い止めることにつながらなかったことも、苦い現実です。

「治安維持法」の事件ではありませんが、太平洋戦争時に実施された大政翼賛選挙が「選挙法」に反し、無効と宣告した判決もあります。1942年4月30日投開票の第21回衆議院議員選挙は大政翼賛会の衆議院における院内会派である翼賛議員同盟の推薦議員と非推薦の無所属議員が争う構図となりました。鹿児島二区で、翼賛議員同盟非推薦候補として出馬し、落選した冨吉榮二は選挙において推薦議員を当選させるため政府と軍による選挙干渉と非推薦議員の選挙活動に対する激しい妨害が行われたとして、選挙無効の訴訟を提起しました。

1945年3月1日に大審院第3民事部（吉田久裁判長）は推薦候補者を当選させようとする不法な選挙運動が全般かつ組織的に行われた事実を認定し、自由で公正な選挙を保障した衆議院議員選挙法第82条違反を認め、選挙の無効とそのやり直しを命じたのです。この判決を受け、3月20日には鹿児島2区においてやり直し選挙が現実に行われています。

《「治安維持法」と弁護士》

「治安維持法」違反事件の被疑者への弁護活動は二つに分かれます。

転向した共産主義者の弁護においては、反省し、「まっとうな日本人」にもどっているということを訴え、情状酌量を求める弁護がなされました。

他方で、「治安維持法」そのものを批判し、戦争に反対する活動の正当性を訴える弁護活動は弾圧の対象とされました。3・15事件の弁護人のリーダー格となった布施辰治は、大阪地方裁判所における弁護活動が「弁護士の体面を汚したもの」とされ、弁護士資格を剥奪されました（当時は弁護士会ではなく、大審院の懲戒裁判所が弁護士資格剥奪の権限を持っていました）。

さらに、1933年9月13日、布施や上村進などの3・15事件、4・16事件の弁護士らが逮捕されました（日本労農弁護士団事件）。この事件の顛末については、一冊の本にまとめられています。[*22]

この事件の結果、「治安維持法」被疑者への弁護は、事実上思想的に被疑者らと無縁とされた弁護人しかできなくなりました。さらに、1941年改正では、司法大臣の指定した官選弁護人しか認められなくなってしまいました。官選弁護人による弁護は、まさしく転向強要の加担者というべき内容のものとなったのです。

この痛苦な経験に対する反省が戦後の弁護士法改正による「弁護士自治制度」すなわち弁護士に対する懲戒権は国家機関ではなく、弁護士会だけが有するという制度に結実しました。

いま、司法改革を通じて弁護士の数が激増し、このような過去の歴史を知らない若い法曹も増えていると思います。私は、彼ら若き法曹に対して、自らの自律的な活動の根底をなし、また**権力の違法あるいは不当な行使に対して敢然とした弁護活動を繰り広げるための制度的保障である弁護士自治を、大切に考え、これを守り育てていくことを強く求めておきたいと思います。**弁護士自治は、司法の独立・自立性を維持し、さらには民主主義社会を支える根幹です。多くの市民の方々にも、この事実を知り、弁護士自治をともに守ることを訴えます。

《市民の力で「治安維持法」を葬ることができなかった》

「治安維持法」の歴史において、痛恨のできごととして、戦争が終わった時点で市民自らの力で、法を廃止し、囚われていた犠牲者の釈放を実現することができなかったということを指摘しなければなりません。

１９４５年8月10日に日本政府はポツダム宣言を受諾することを連合国に申し入れました。その際に日本政府は、国体の変更を含まない（つまり天皇制を廃止しないということ）という了解のもとに受諾するとしていました。これに対して、8月11日に連合国は日本国の政府の形態はポツダム宣言に遵《したが》い、日本国国民の自由に表明する意思により決定せられるべきものとすると回答しました。

政府は、国体の護持が承認されたものと解釈し、「治安維持法」の廃止や特高警察の解体などは行いませんでした。１９４５年10月の段階においても、岩田宙造司法大臣は「司法当局としては、現在のところ政治犯人の釈放の如きは考慮していない」と断言していたのです。岩田は予防拘禁されている者も含めて釈放の意思はないと外国人記者に言い放っています。そうした中で、１９４５年10月４日の夕方、マッカーサーＧＨＱ最高司令官は、「政治的、市民的及宗教的自由の制限除去」と題する通牒を発しました。

この通牒は、
①政治犯人の即時釈放
②思想警察と一切の類似機関の廃止
③内務大臣、警察首脳部、日本全国の思想警察、弾圧活動に関係ある官吏の罷免
④市民の自由を弾圧するいっさいの法規の廃止又は停止
を内容とするものでした。

ここには、廃止される法律として、「治安維持法」、「思想犯保護観察法」、「国防保安法」、「宗教団体関係法令」などが含まれていました。政治犯人の釈放は１９４５年10月10日までに完全に実施しなければならないとされました。

このような措置の背景には、同年９月26日に高名な哲学者である三木清が栄養失調で獄死するという痛ましい事件が発生したことがあります。三木清は１９４５年、「治安維持法」違反の被疑者高倉

テルをかくまったとして、豊多摩刑務所に収監されていました。疥癬と腎臓悪化で獄死したとされます。この事実が、このすみやかな政治犯人の釈放を求める通牒の発出のきっかけとなりました。**しかし、日本国民が自らの手で、「治安維持法」という悪法を廃止することができなかったことの歴史的な責任は重く受け止める必要があります。**

我々は、日本を当事国とする次なる戦争の発生を回避するために、憲法の改悪を阻止し、「特定秘密保護法」を廃止し、「共謀罪法案」の成立を阻止するという重大な責任を負っているのです。

❖安倍政権が成立を図っている「共謀罪」の危険性

《刑罰の成立する要件が大幅に切り下げられようとしている》

さて、ここからは現在のことを考えてみましょう。どのような行為が刑罰の対象とされるかを定める要件を犯罪の「構成要件」と呼びます。犯罪構成要件に当たるような行為をしない限り、人は処罰されることはありません。犯罪構成要件は、国家が刑事司法を通じて市民社会に介入するときの境界線を画すものといえます。長期4年以上の刑期を定める約600以上の犯罪について共謀の段階から処罰できる「共謀罪法案」[*23]の本質的危険性は、この境界線である犯罪が成立する要件のレベルを大幅に引き下げ、どのような行為が犯罪として取締りの対象とされるかをあいまいにし、国家が市民の生活ひいては心の中にまで監視の眼を光らせ、犯罪構成要件の人権保障機能を破壊してしまうところにあります。

犯罪の立案から実行に至るまでの段階を追って説明してみましょう。

①犯罪を行うことを内心で決める。複数人による共犯の場合は、複数人間で犯罪の合意がなされる。合意は、内心と紙一重だ。

②そして、その合意を推進するための行為を行う（たとえば凶器を買うためのお金を降ろしに行く）。合意があったことの証拠となりうる外形的行為と言い換えてもよい。殺人の予備罪はこの段階では成立しない。

③予備行為は、犯罪発生の具体的危険性を持つ準備行為とされ、殺人の場合で言えば、具体的には凶器を準備したことなどである。

④凶器を持って襲いかかった段階で、犯罪の実行着手とみなされ、命が助かり既遂に至らなければ、殺人未遂、

⑤実際に被害者が死亡すれば、殺人既遂となる。

現在の日本の刑事法体系では、犯罪が処罰される場合は既遂を原則としています。犯罪とは、人の生命、身体、財産などの法益が侵害され、被害が発生することと考えられてきたからです。重大な犯罪については未遂から処罰しています。ごく例外的に極めて重大な犯罪については、着手以前の「予備」「準備」等を処罰しています。予備罪の例は、殺人・強盗・放火など40あり、準備罪は9あります。さらにその前の「共謀」「陰謀」が処罰されている例は、内乱、私戦予備、爆発物取締罰則などさらに限られ、「共謀罪」が14、陰謀罪が8となっています。合計71の極めて重大な犯罪については、未遂以前の行為の処罰を可能とする制度が整っているといえます。

《「新共謀罪法案」によっても問題は解決されない》

２０１７年1月、安部首相、菅官房長官、二階自民党幹事長らは、通常国会に「共謀罪」規定を含む「組織犯罪処罰法」の修正法案をまとめ、提案すると言明し、3月21日に法案を国会に提案しました。「共謀罪法案」とは、２０００年11月に第55回国連総会で決議された越境組織犯罪防止条約5条によって「条約締結国は立法化すべき」とされた犯罪のことです。越境組織犯罪防止条約自体は、２００３年5月に国会で承認されています。政府はいつでも批准できる状態です。そして、この条約批准のために「共謀罪法案」の制定が必要か否かをめぐって、長い論争が繰り広げられてきました。

２００３年政府案の内容は、

①長期（刑期の上限）4年以上の刑を定める犯罪について（合計で６７６）、

②団体の活動として、対象となる犯罪行為を実行するための組織により行われるもの、

③処罰対象は、遂行を共謀（合意）した者、

④刑期は、原則懲役2年以下。死刑・無期・長期10年以上の処罰が科せられた犯罪の共謀は懲役5年以下、

⑤犯罪の実行着手前に自首したときは、刑は減免される、とされていた。

政府が、今回提出した法案（以下「新法案」という）では、

①名称を「テロ等準備罪」とする。

②適用対象を「団体」とされていたものを「組織的な犯罪集団の活動」とし、団体のうち、その結合関係の基礎としての共同の目的が法案別表3に定める罪を実行することにある団体と定義された。

③犯罪の「遂行を二人以上で計画した者」を処罰する。
④「その計画をした者のいずれかによりその計画にかかる犯罪の実行のための資金又は物品の取得その他の当該犯罪の実行の準備行為が行われたとき」という要件を付す。
⑤対象犯罪の数を長期4年以上の刑期を定める676の犯罪から、277の犯罪に減らす。

このような報道をうわべだけで見ると、政府がずいぶん譲歩をして、法案の適用範囲を限定したように見えるかもしれません。しかし、結論を先に言えば、「新法案」は2003年政府案を2カ所修正したものですが、2006／7年の与党修正案から見れば、大幅に後退したものです。

組織犯罪集団の定義では、犯罪目的が継続的なものであること、その団体の主要な目的であることは求められていません。適法な団体が変質して違法行為を計画した場合も、その時点で組織犯罪集団となったと認定される可能性があります。普通の会社や市民団体や労働組合が変質し、犯罪を共謀したとされれば、もともと適法な団体であったとしても、共謀の時点では組織犯罪集団と認定される危険性があるのです。

また、「新法案」では、「共謀罪」の成立のために犯罪の実行の準備行為が行われたことを必要としています。そもそも条約の5条も「当該合意を促進する行為」を要件とすることを認めていました。多くの国々では「共謀罪」が規定されていても、犯罪の合意だけで犯罪成立としている例は少ないのです。アメリカ模範刑法典（5．03条5項）も、「合意の目的を達するための顕示行為が自己または他の合意者によって行われたことの立法と立証」が必要としています。合意成立後の打ち合わせや、電話での連絡、犯行手段や逃走手段の準備などの行為が必要とされています。しかし、これらは、それ自体で危険性のある行為である必要はなく、予備罪における予備行為とは区別されます。2006年に作成された与党修正案でも、「犯罪の実行に必要な準備行為その他の行為」とされていました。合意の成立だけで犯罪の成立を認めた2003年政府案が、あまりにも処罰範囲を拡大したものと言わなければなりません。

越境組織犯罪条約は、その名が示すように、もともと「国をまたぐ犯罪（transnational 越境性のある）」を対象とする条約です。しかし、政府は、「条約第34条2項は越境性の要件を付することを認めていない」と主張し、「越境性（国際性）」の要件を外して、法案を提案しています。しかし、条約の本来の目的を考えれば「越境性（国際性）」を付しても良いと考えられます。どうしても、条約の解釈と異なるというのであれば、「条約の留保」（条約の一部の実施をしないことを事前に宣言すること）等を行うことも選択肢といえます。具体的にどんなことが起きる可能性があるかは、次のページから説明します。

この修正は、民主党（当時）修正案に含まれており、自民党が2006年6月に丸呑みしたものです。しかし、「新法案」では全く取り上げられていません。カリブ海諸国の一つであるセントクリストファー・アンド・ネイビスでは、越境性を要件とする「共謀罪」を制定しましたが、何の問題にもなっていません。

政府案では、条約の規定通り、「重大な犯罪」を「長期4年以上」の刑期の犯罪としていたため、対象犯罪は619（当時）に上りました。新法案では対象犯罪を277に限定したとされます。しかし、民主党修正案と与党第三次修正案でも、対象犯罪を約300（当時）に限定し、2007年に自民党法務部会がまとめた小委員会案のひとつでは約140にまで絞り込んでいました。限定したとは言うものの、税法や著作権法など組織犯罪やテロ犯罪と無縁の犯罪が依然として対象とされており、問題点がなくなったとはいえません。

このように、「新法案」は条約がもともと予定していた処罰範囲の限定のための条項を盛り込んだだけであり、犯罪の合意＝計画の処罰を目的とする「共謀罪」を導入しようとする本質には変わりがありません。むしろ、2006／7年に与党が検討していた修正案と比べても多くの点で政府案に先祖返りしているといえます。

《こんな行為も検挙される？》

ここで、例をあげて、「新法案」で、どんな場合に犯罪とされる可能性があるのかを考えてみましょう。たとえば、

①基地建設に抵抗する市民団体が、工事阻止のために道路に座り込みを計画し、現地の地理を調べた（組織的威力業務妨害罪の共謀罪）。この事例は沖縄で現に進行中の事件（2016年）を題材に考えたものですが、山城博治さんが検挙されている事件については、次のコラムを参照されたい。

②新聞社が国際紛争に対して「戦争法」の発動を準備していると疑われる安全保障会議を構成する大臣の自宅に記者を張り付かせ、取材拒否にあっても、事実関係についての確認を必ず求めることを編集会議で決定し、記者がその大臣の自宅の割り出し作業をはじめた（組織的強要罪の「共謀罪」あるいは既設の特定秘密取得罪の「共謀罪」が成立する可能性がある）。

③衆議院選挙の終盤、苦戦を伝えられる現職議員の選対会議で、電話作戦の強化を話し合い、選対メンバーの会社社長に社員にアルバイト代を支払ってでも、一人50本ずつ電話を掛けさせてくれと依頼してその承諾を得、電話かけ用の名簿調達のために支持者に連絡をはじめた（「公職選挙法」違反・多数人買収罪の「共謀罪」）。

④上場企業である大手電機会社の役員らが、株価を維持する目的で会社の業績不振の実態を隠すために、利益を上乗せした有価証券報告書を作成することを部下に命じた（「金融商品取引法」違反の「共謀罪」）。これも、現実に東芝を舞台に起きた事件を念頭に置いている。

⑤戦争に反対する市民団体が、自衛隊の官舎に「殺すな」と書かれたステッカーを貼り付けることを計画し、そのステッカーを買うためにＡＴＭから出金した（組織的建造物損壊罪の「共謀罪」）。トイレにペンキでイラク戦争反対の落書きして建造物損壊に問われた事件が現実にあります。

⑥イスラエルに爆撃されたパレスチナのハマスが関与する学校と病院の再建のための募金活動を計画し、ネットで現地状況を調査し始めた（「テロ資金供与防止法」違反の「共謀罪」）。これも、現実に行われている行為ですが、日本政府はハマスをテロ組織と見なしており、立件の可能性はあると思います。

　このように、日本政府の論理によると、「共謀罪」が制定された晩には、さまざまな団体活動を計画しただけで、その団体メンバーは、みな逮捕されてしまう可能性があります。**政府は、普通の人は関係ないと言いますが、法律ができてしま**

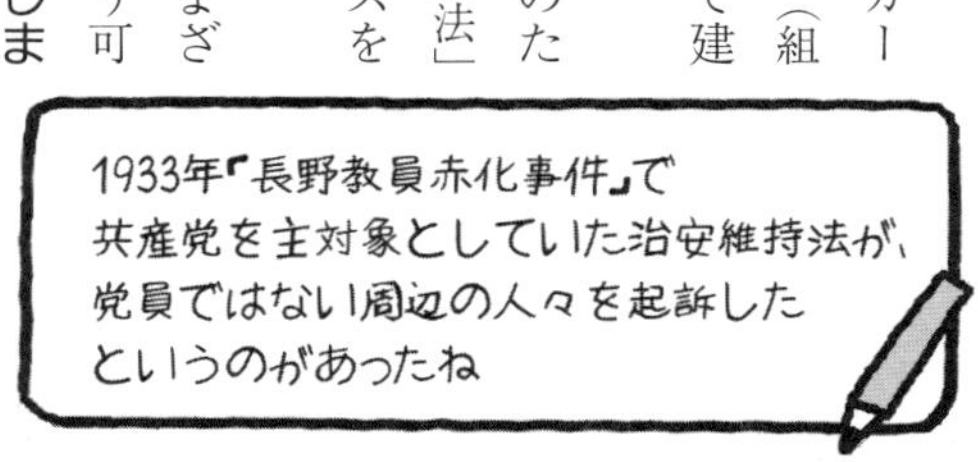
1933年『長野教員赤化事件』で
共産党を主対象としていた治安維持法が、
党員ではない周辺の人々を起訴した
というのがあったね

えば、逮捕しているのは普通の人ではありませんと言うのでしょう。まさに、「共謀罪」は、政府に歯向かうものは一網打尽にするという使い方が可能な法律なのです。以上のように、政府新法案によって「共謀罪」の適用範囲が限定されたとは、とてもいえないと私は考えます。

〈コラム②〉沖縄における基地反対運動への弾圧を許すな

海渡 雄一

いま、沖縄辺野古の新基地建設と高江のオスプレイパッド建設に沖縄の県民の多くが反対をしている。沖縄の基地負担軽減では全くなく、新たな基地を作り、基地機能を強化するものでしかないこと、また、貴重なふるさとの自然を守りたい、平穏な生活を守りたいという気持ちから、非暴力の座り込みが続けられてきた。

反対運動を続ける沖縄平和運動センター議長である山城博治さんたちがこじつけとも思われる理由で逮捕され、次々と罪名が切り替わり、長期の勾留が続いていた。現場で行動を指揮する山城博治さんに対する勾留は、２０１７年3月18日の保釈まで、約5カ月に及んだ。

山城博治さんは、10月17日、ヘリパッド建設予定地周辺の森の中におかれた有刺鉄線を切断したとして器物損壊罪で逮捕されたが、那覇簡裁は20日にいったん勾留請求を却下した。すると、警察は、同じ20日に、9月25日に公務執行妨害と傷害を行ったとの容疑で再逮捕した。勾留を続けるために再逮捕したのである。11月11日には、山城さんは、公務執行妨害と傷害の罪で起訴された。しかし、起訴の翌日の琉球新報は、山城さんは、「現場で市民の行動が過熱化したり、個別に動いたりすることを抑制し、」「勝手に機動隊員らと衝突したりしないように繰り返し呼びかけていた」と報じている。

山城さんは2015年4月に闘病生活に入り、辺野古のキャンプシュワブゲート前の抗議行動に参加できなくなった後の県警関係者の話として、「暴走傾向の人を抑える重しとして山城さんは重要だった」と話していたと報じている。現場で、警察官が傷害を負った事実が仮にあるとしても、それを山城さんの責任とすることは筋違いである。

さらに、11月29日には、今度は、山城さんは威力業務妨害罪で逮捕された。この逮捕の容疑は、10カ月前の1月28日から30日にかけて、ゲート前にブロックを積み、工事車両の通行を妨げたというものだった。警察は、その場にいて、見ていたにもかかわらず、何の行動も起こさず、10カ月を経過してから、逮捕したのである。

山城博治さんら基地反対運動の関係者らに対する逮捕、勾留は、高江のオスプレイパッド建設、辺野古の新基地建設を強行するために、その反対運動をつぶすために行われているものである。組織的威力業務妨害罪は、共謀罪の対象犯罪に含まれている。

とりわけ山城博治さんの健康状態が心配される。山城博治さんは、2015年に悪性リンパ腫という大病を患い、病み上がりの状態である。今も、白血球値が下がり、病院に通院し、治療を受けなければならない状態とされる。健康を害していることが、明らかな状態のもとで、続けられた5カ月にも及ぶ長期の勾留は非人道的であり、基地に抵抗して闘う沖縄の市民に対する見せしめそのものであった。

《「共謀罪法案」を制定しないで組織犯罪条約を批准すればよい》

それでは、なぜ民主主義を崩壊させかねない「共謀罪法案」が国会に提案されたのでしょうか。政府は2000年に起草された「国際的な組織犯罪を防止するための国連越境組織犯罪防止条約」の批准のためであると説明してきました。

「共謀罪」問題において政府に問われていることは、ある国際条約を批准するために、どこまで国内法を事前に改訂する必要があるのかという点にあります。日本政府は、国際人権条約に関しては、明らかに条約に反する国内の制度があっても、平気で批准してきました。これは、ある意味では正しい方向性でした。少なくとも、条約を批准しないよりはいいやり方です。何度も改善を勧告されても、全く対応しないのは考え物ですが、批准してから国内法を整備するやり方は国際的にも認められているのです。

ところが、この「国連越境組織犯罪防止条約」については、日本政府は異常なほど律儀に条約の文言を墨守して、国内法化をしようとしました。むしろ、一部の法務警察官僚は、過去にないような処罰範囲の拡大の好機ととらえたように見受けられます。世界各国の状況を見ても、日本の政府案のような極端な立法をした国は、ノルウェーとブルガリア以外に報告されていないのです。

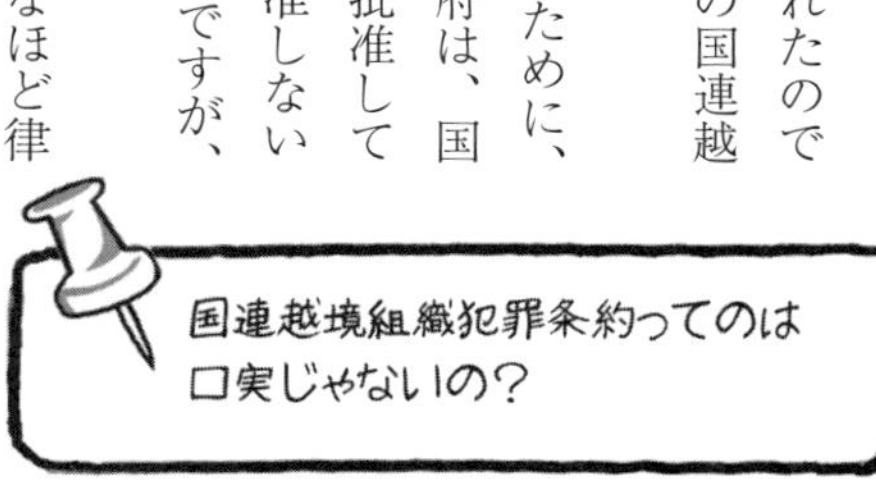
国連越境組織犯罪条約ってのは
口実じゃないの?

日本の法制のもとでも、極めて重大な犯罪71については、「共謀罪」、予備罪が既に整備されていることは既に述べました。さらに、銃器やナイフなどの所持そのものを独立に犯罪とし、暴力犯罪の予備段階を広範に取り締まることのできる「銃砲刀剣類所持等取締法」、住居侵入窃盗の予備段階を処罰する「ピッキング防止法」、重大な傷害の予備行為を処罰する「凶器準備集合罪」なども整備され

ています。暴力団の関与する様々な行為を犯罪化した、「暴力団対策法」や「暴力団規制条例」なども制定されています。

この条約は、暴力団など経済的な組織犯罪の対策が目的の条約であり、本来テロ対策とは関連がないものです。一方、テロ対策についても、日本政府は国連のテロ関係の13条約はすべて批准しており、テロ対策は十分整備されています。爆弾だけでなく、ハイジャック（航空機の強取等の処罰に関する法律）、サリンなどの毒物（サリン等による人身被害の防止に関する法律）や放射性物質（放射線を発散させて人の生命等に危険を生じさせる行為等の処罰に関する法律）の拡散行為などについては、予備罪から処罰しています。

新たな立法をするのであれば、組織犯罪とテロ対策としてどのような行為が想定され、現行の法律では処罰できない場合があるかどうかが、厳密に検討されなければならないはずです。日本の刑事司法は組織犯罪を未然に防ぐための多様な制度を発展させてきたのであり、国連越境組織犯罪条約を批准するために、新たな広範な「共謀罪」の導入が不可欠とは言えないとするのが、日弁連の立場です（2006年9月14日日弁連意見書）。日本政府は「共謀罪法案」を制定することなく、堂々と条約を批准すればよいのです。日弁連は、2016年8月31日と17年3月31日、会長声明を発し、このような修正案にも反対する意思を明確にしました。私たちは十分な反対運動の準備を進め、提出された「新法案」の成立を阻止し、法案の廃案を目指したいと考えます。

《盗聴捜査の爆発的拡大と密告捜査が危惧される》

人と人とが犯罪を遂行する合意をしたかどうかや、その合意の内容が実際に犯罪に向けられたものか、もしくは実行を伴わない口先だけのものかどうかを的確に判断することは、とても難しいです。「共謀罪」は人と人との意思の合致によって成立するものですから、その捜査は、会話、電話、メールなどを収集することになるでしょう。そのため、**捜査機関の恣意的な検挙が行われたり、市民のプライバシーに立ち入って監視するような捜査がなされる可能性があります。**

私たちは、２０１３年12月に成立した「特定秘密保護法」が市民の知る権利を制限するものだと主張してきました。国にとって不都合な事実を明らかにする公務員などによる内部告発やこれを報ずるジャーナリズムに大きな萎縮効果をもたらし、民主主義の機能不全をもたらすとも指摘してきました。この「秘密保護法」には、団体性も準備行為も必要のない生身の「共謀」や「煽動」そのものを罰する規定が既に盛り込まれていました。

産経新聞は２０１６年８月31日の「主張」において、「共謀罪法案」の創設だけでは効力を十分に発揮することはできず、刑事司法改革で導入された司法取引や対象罪種が拡大された通信傍受（盗聴）の対象に「共謀罪」を加えるべきだと主張しています。「秘密保護法」違反の「共謀罪」をはじめとして、「共謀罪」が通信傍受（盗聴）の対象とされれば、政府の違法行為や腐敗を暴く内部告発・調査報道はほとんど不可能となるでしょう。それは、私たち主権者が国の姿形を知ることができなくなり、民主主義が正常に機能しなくなることを意味します。

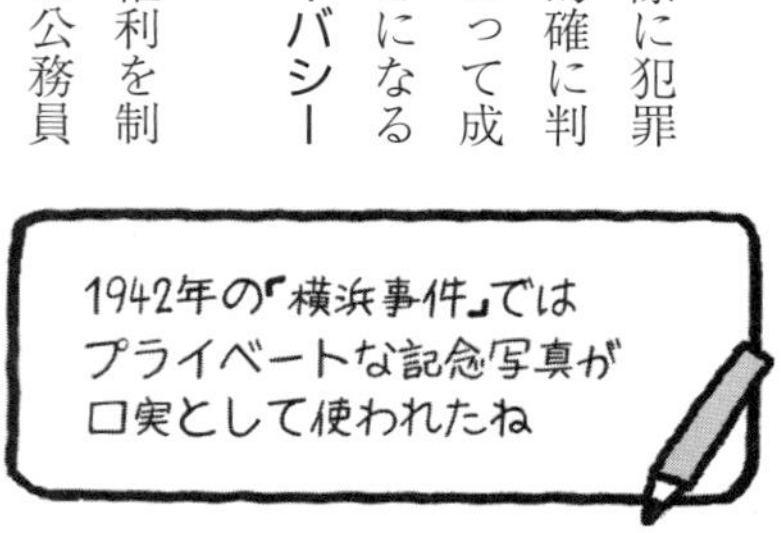
1942年の『横浜事件』では
プライベートな記念写真が
口実として使われたね

❖「治安維持法」と「共謀罪」はどのように似ているのか、似ていないのか

以上に説明してきたとおり、「治安維持法」は、日本共産党、その周辺団体、合法的無産政党と労働組合から、大本教や創価学会、天理教、キリスト教などの宗教団体、学界、雑誌編集者、企画院のような政府機関にまで、その適用が次々に拡大されていきました。法そのものの改正と、捜査機関による恣意的な拡大と司法による追認が平行して進んでいったといえます。

「治安維持法」と「共謀罪法案」は、団体の構成員を処罰しようとする団体規制法であるという点でまず共通しています。処罰範囲が拡大され、不明確になり、拡大適用すれば、体制に抵抗する団体に対する一網打尽的弾圧を可能にする手段となりうる点も、共通しています。「共謀罪」は、処罰時期の前倒しそのものですが、「治安維持法」における目的遂行罪、団体結成準備罪なども、処罰可能時期を早めるものでした。

なによりも、「治安維持法」を運用していた組織である特高警察は、15年戦争の敗戦によっても、解体されることなく、公安警察と名を変え、共産主義などの左翼運動の取り締まりを主たる目的とする組織として延命してきました。

「治安維持法」は適用範囲が拡大する傾向が顕著でしたが、「共謀罪法案」も、法案の起草時には、立法事実（立法の根拠となる犯罪発生の状況）はなく、条約批准のためだけに必要と説明されていました。ところが、法案の成立が2020年のオリンピックのテロ対策に必要不可欠な法律であると言い募られているだけでなく、法案が可決される前から、産経新聞などは「共謀罪」の捜査のために通信傍受が必要などと言い始めており、適用範囲の拡大が法制定前から既に始まっているのです。

相違点としては、「共謀罪」では具体的な犯罪の準備が処罰条件とされていますが、「治安維持法」では、団体の結成・準備、目的遂行のための行為全体がすべて処罰対象とされていました。しかし、「治安維持法」は国体変革・私有財産否認という目的の限定がありましたが、これに対して「共謀罪」は、２７７件にも及ぶ犯罪の実行を目的とする団体であればよく、**対象犯罪が減らされても、２７７個の「治安維持法」ができたようなものであり、目的面の限定はより希薄であるといえます。つまり、拡大解釈の余地が「治安維持法」と比べても、より大きいとも言えるのです。**警察の作成した調書に証拠能力が認められたのは、１９４１年の「国防保安法」制定と「治安維持法」の全面改正の時でした。**この戦時特例が戦後に一般事件にまで拡大され、固定化され、代用監獄が温存され、多くのえん罪が生み出されたのです。**「治安維持法」は、刑事実体法だけでなく、刑事手続きにおける捜査機関の権限拡大にもつながったのです。「共謀罪法案」が、盗聴捜査の全面化、司法取引の横行を招き寄せる可能性があることと、よく似た構図だといえます。

　いずれにしても、**「共謀罪法案」には、「現代の「治安維持法」」と呼ぶことのできる、広汎性と強い濫用の危険性が潜在していることは間違いがありません。**このような「共謀罪創設法案」を成立させ、安倍政権の手に渡すことは、民主政治を窒息させる危険性のある劇薬を与えるようなものであり、戦争への道を掃き清めることとなると私は考えます。

〈コラム③〉 戦争体制と労働運動の壊滅

宮里 邦雄

●「安保法制」は労働運動の問題

2016年5月24日、日本労働弁護団主催で「「安保法制」と労働者・労働組合」と題するシンポジウムが開催され、200名を超える多くの労働組合関係者が参加した。

私は、日本労働弁護団元会長として、主催者を代表として、以下のような開会のあいさつを述べた(「シンポジウム」の詳細は『労働法律旬報』2016年8月上旬号に掲載されている)。

今日お集まりの組合の皆さんは、さまざまな機会に、さまざまな方法で「安保法制」・戦争法制反対の取り組みをされたものと思います。「安保法制」の制定過程においては、集団的自衛権行使の容認などをめぐって立憲主義や憲法9条との関係で憲法違反であるとの批判が展開されました。しかし多くの国民の批判に耳を傾けることなく、また多くの疑念が解明されないまま、「安保法制」は強行採決され3月29日施行されました。

本日の集会の趣旨は、「安保法制」の問題点を、これまで論じられてきたところと少し視点を変え、労働者の権利・労働組合の権利、団結する権利や団結活動、ひろく捉えれば労働運動という視点から考えよう、というものであります。このような視点からの「安保法制」の問題性はこれまで十分論じられてこなかったように思います。

「安保法制」が具体的に発動される事態になった場合、国民の権利はさまざまな理由で制約されることになると思われますが、もっとも影響を受けるのはさまざまな分野で働いている労働者ではないか、そしてその労働者を組織している労働組合ではないか、というのが私たちの問題意識であります。

安倍政権は、「緊急事態条項」を憲法に書きこむ憲法改正を目論んでいます。自民党改憲草案には緊急事態条項が入っています。

緊急事態条項が導入されると、「安保法制」と一体となって、労働者個人の権利の抑圧はもとより、労働基本権そのものが脅かされる事態が生じるのではないでしょうか。日本労働運動は、かつて戦争遂行のための国家総動員体制の下で逼塞させられた歴史を持っています。

また、自民党改憲草案には「公益及び公の秩序に反した場合」、基本的人権を制限しうるという規定がもりこまれています。「安保法制」は最大の「公益」、最大の「公の秩序」とされることになるでしょうし、基本的人権、わけても労働基本権は抑圧の対象になるでありましょう。

本日の集会が、労働者の諸権利を守る活動を行っている多くの労働組合にとって、「安保法制」と労働組合・労働運動とのかかわりを深く考える機会となることを願っております。

◉国家総動員体制下の下で労働運動は解体・消滅させられた

1938（昭和13）年4月、財団法人協調会は、各企業の労資は「事業一家」として「皇国」に報いるとする「産業報国運動」（産報）を提唱した、総同盟をはじめ主要組合は、労働組合を維持しながら、産報に協力するという方針をとったが、40（昭和15）年にはいると、政府は「産報と労働組合とは相容れない」と「自発的解散」をするよう圧力を重ねた。

労働組合はこれに抗すことはできず、1940（昭和15）年7月、日本労働総同盟中央委員会は「自発的解散」を決定する。

解散声明は次のように述べている。

「われらが今日まで烈々として胸中に抱き、孜々《しし》として実践し来たれるものは、資本の攻勢より全労働者生活を擁護し、訓練し、国全体のために新産業労働体制の確立を希求するにほかならなかったからである。……しかるに不幸にして、政府当局はわれらの方針を認めず、かつその存在がむしろ産報運動の一大支障なりとなし、労働組合壊滅の方針をもって臨むこととなった。われらは、微力なりといえども、真に愛国の至誠をもって政府の再考をうながし、その翻意を求めて今日にいたったのであるが、われらの微力はついにこれに屈するのほかなきにいたったのである。……挺身国難におもむき、勤労大衆こそ最大の愛国者たることを立証し得る日の近きことをのぞもう。」

1912年（大正元年）8月1日、友愛会が創立されて以来28年の歴史を刻んだ総同盟の歴史はここで終幕を迎えた。

総同盟の解散につづいて、多くの組合が相次いで解散していく一方で、労使一体の産業報国会は、急速に発展し、産報運動が全国に展開され、全国のほとんどの企業・事業所に産報が組織され、

１９３８（昭15）年11月には、現職の厚生大臣を総裁とする「大日本産業報国会」が創立された。

この創立宣言は、次のように述べている。

「およそ皇国産業の真姿は、肇国の精神に基づき全産業一体・事業一家、もって職分に奉公し、皇運を扶翼し奉るにあり。全産業人は、資本・経営・労務の有機的一体を具現し、皇民勤労の真諦を発揮し、もって国力の増強に邁進せざるべからず。」

「職場はわれらにとって巨道実践の道場なり。勤労はわれらにとって奉仕なり。歓喜なり、栄誉なり、手段にあらずして目的なり。」

美辞麗句を並べているが、この創立宣言は、労働運動の解体・壊滅宣言であった。

かくして日本労働運動は、太平洋戦争が勃発する１９４１年（昭16年）に先だって、ついに壊滅させられた。

明治30年の労働組合期成会の発足から４３年、大正元年の友愛会の創立から28年目である。それ以前の労働組合の弾圧と分裂を経て創立された友愛会、その友愛会によって再建された労働運動は、「資本家と労働者は車の両輪のごとし」と唱える労使協調主義の労働運動であった。

しかし、１９３１年（昭和６年）の満州事変を契機とする軍国主義・全体主義は、このような穏健な労働運動の存在すらも許さなかったのである。「国民精神総動員」の名のもとに、１９４０年（昭和15年）10月には、「大政翼賛会」が結成され、１９４１年（昭和16年）３月には「治安維持法」の全面改悪など治安立法が着々と制定される。１９４１年（昭和16年）12月、太平洋戦争が勃発、わが国は戦時体制下に入っていく。

「平和なくして労働運動なし」。改めて、戦争体制は、労働者の団結組織たる労働組合とその労働運動と相容れず、これを抑圧するものであることが分かる。

日本労働運動の復活・再生は太平洋戦争の終戦を待たなければならなかった。

1946年11月3日に制定(1947年5月3日施行)された日本国憲法はその28条において、団結権・団体交渉権・争議権を勤労者の基本的人権として保障し、労働運動の法的基盤を確立したが、それより1年前の1945年12月22日に労働組合法(旧労働組合法)が制定(1946年3月1日施行)されたことは意外と知られていない。

憲法よりもいち早く労働組合法が制定・施行されたのは、労働運動こそが、我が国の民主主義と平和の担い手であることが期待されたからであった。

〈参考文献〉

・大河内一男・松尾洋『日本労働組合物語』(1965年8月刊　筑摩書房)
・松尾洋『「治安維持法」——弾圧と抵抗の歴史』(1971年11月刊　新日本出版)
・奥平康弘『「治安維持法」小史』(1977年10月刊　筑摩書房)
・大原社研『新版社会労働運動大年表』(1995年6月刊、旬報社)

〈コラム④〉「治安維持法」下の拷問は合法ではない

海渡 雄一

「治安維持法」といえば、特高警察の拷問を想起するほど、拷問とは切っても切り離せない。読者の中には、当時は拷問が合法だったと思っている人も多いのではないか。しかし、実は特高警察が「治安維持法」容疑者に加えていた拷問は、その時点の法に照らしても、違法なものなのである。

拷問と自白は日本においても西洋においても、刑事訴追の基本的な手続きとされてきた。明治時代になってからも、拷問は禁止されることなく、行われていた。これを政府に進言して禁止させたのは「近代法の父」と呼ばれるフランス人ボアソナード・ド・フォンタラビエである。日本の民法の起草者として知られるボアソナードこそが、日本における拷問制度を廃止させた。

1875（明治8）年4月、明治政府の法律顧問を務めていたボアソナードは、自宅から司法省法学校に講義に行く途中、通りかかった裁判所で偶然にも拷問の現場を目撃する。あまりの惨状に驚いたボアソナードは、泣きながら関係者に抗議し、その日帰宅すると直ちに司法卿大木喬任に拷問廃止を求める書簡を書いたといわれている。このときの司法卿宛の書簡と、1カ月後に提出された拷問廃止の建白書（理由書）とともに、「Premier Cahier pour les questions」と題するノートが、法政大学図書館に保管されている。

左の写真が、拷問廃止を求めた「司法卿閣下への書簡（1875年4月15日）」（左）と、「拷問の

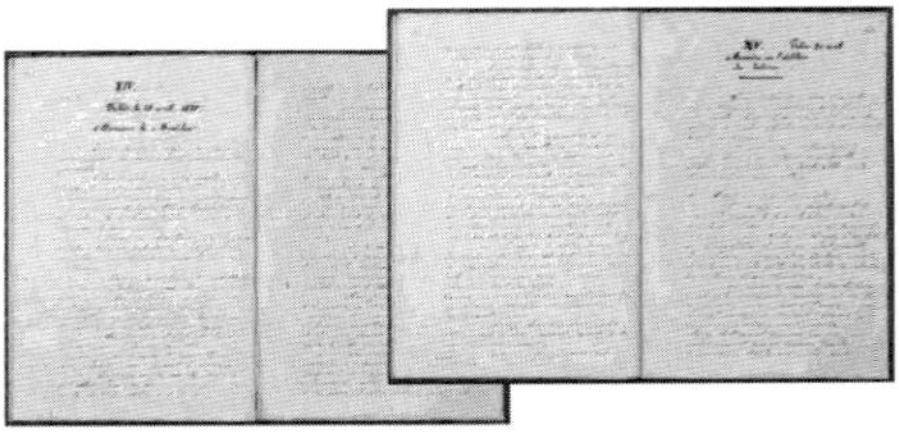

廃止に関する建白書（1875年5月20日）」の冒頭部分である。ボアソナードは建白書で、「人道」「自然法と絶対的正義」「純理」「日本の尊厳と利益」の4つの観点から拷問を廃止すべきことを詳しく論じている。

ボアソナードが起草に関与して制定された「治罪法」は1880年7月に公布され、82年1月から施行された。「治罪法」制定以前に、明治初期の日本の刑事法制は、まず律令法制の復活に始まり、新律綱領（1870）、改定律例（1873）があいついで制定された。他方で、フランス法を範とした刑事手続きの近代化が進んでいった。「治罪法」制定前にも、改定律例の自白による断罪を定めた規定の廃止と証拠裁判主義、自由心証主義の採用（1876）、検事の公訴による国家訴追主義、弾劾主義の確立（1878）、拷問の廃止（1879）等の改革が進められた。

したがって、「治安維持法」のもとで、特高警察が加えた拷問は明らかに違法なものであり、横浜事件において被疑者らに加えられた拷問が戦後に特別公務員暴行陵虐罪に問われ、有罪判決が下されたケースもあることは本文でも紹介した。

日本国憲法は、第36条において、「公務員による拷問及び残虐な刑罰は、絶対にこれを禁ずる。」と定め、拷問を絶対的に禁止するとしている。このことは、戦前の「治安維持法」事件をはじめとする多くの事件で、禁止されていたにもかかわらず拷問が多用されたことに対する強い反省の気持ちが込められている。9・11後にアメリカがはじめたテロとの戦いにおいて、アメリカ政府はテロ事件の被疑者に対する暗室拘禁や水責めなどの拷問的取調を実行した。拷問禁止の絶対性を確認することは、再び国際的な人権保障の重大な課題となっている。

自民党憲法改正草案は、この条項の「絶対に」を削除している。戦時体制のもとで、一応禁止はするが、戦争遂行目的に必要不可欠ならば、ときどき拷問をするかもしれないという、潜在意識のなせる技ではないかと勘ぐらざるを得ない。このように歴史の歯車を逆に回そうとする動きを許してはならない。

【追補】１９３５年大本事件こそ、「治安維持法」の拡大適用の画期であると指摘しましたが、その伏線として同じ１９３５年に起きた天皇機関説事件が重要であることを指摘しておきます。極右憲法学者蓑田胸喜は、赤化判事事件を取り上げ、このような事件がおきるのは、帝国大学の司法官養成教育が赤化教授によって担われていることが原因と指摘し、憲法美濃部達吉、刑法滝川幸辰・牧野英一、民法末広厳太郎の４人を元凶として批判を展開しました。１９３５年2月18日、貴族院本会議の演説において、菊池武夫議員（陸軍中将・在郷軍人議員）が、美濃部達吉議員（東京帝国大学名誉教授）の天皇機関説を国体に背く学説であり、「緩慢なる謀叛であり、明らかなる叛逆になる」とし、美濃部を「学匪」「謀叛人」と非難しました。美濃部達吉は貴族院で弁明しますが、不敬罪で唐沢俊樹警保局長によって刑事告発され、9月に不起訴となるも貴族院議員辞任へ追い込まれました。この事件は、「治安維持法」事件ではありませんが、国体概念の肥大化をもたらし、「治安維持法」拡大の途を開いたものと総括できるでしょう（山崎雅弘『「天皇機関説」事件』２０１７年、集英社新書参照）。

第3章

戦争を準備する要となる秘密保護制度

❖明治後期における秘密保護体制

《(1) 1899年「旧軍機保護法」》

戦争法制のもうひとつの重要な柱が、秘密保護法制です。戦争を遂行するためには、政府が行う戦争の計画、その準備のための軍備、武力と生産力、生産設備などの実体を敵から隠さなければならないと考えられたからです。

戦前期の秘密保護法制の歴史を見てみましょう。1899年7月、軍事秘密保全のための単独法として「軍機保護法」（以下「旧軍機保護法」という）が制定されました。この「旧軍機保護法」は、全体が8条の簡単な法律ですが、①軍事秘密を探知収集した者を重懲役に処する、②職務上軍事秘密を知得領有し秘密であることを知って他人に漏えい、公布、公示したときは有期徒刑に処する、③偶然軍事秘密を知得領有した者が秘密であることを知って他人に漏えい、公布、公示したときは軽懲役に処する、④軍港、要港、防御港又は防御営造物の不許可の測量・撮影・状況録取や防御営造物への立ち入りを禁ずることなどを骨子としました。対象とされる軍事上の秘密事項の範囲も明確ではなく、その手段も網羅的で、相手方も限定されていない、きわめて問題の多い規定でした。

しかし、1937年に「改正軍機保護法」が帝国議会に提案された際の説明によれば、40年間に5件の立件が報告されているだけで、好奇心や功名心から秘密を漏らしたようなケースばかりで、国防上深刻なケースは一件も報告されていなかったのです。[*24]

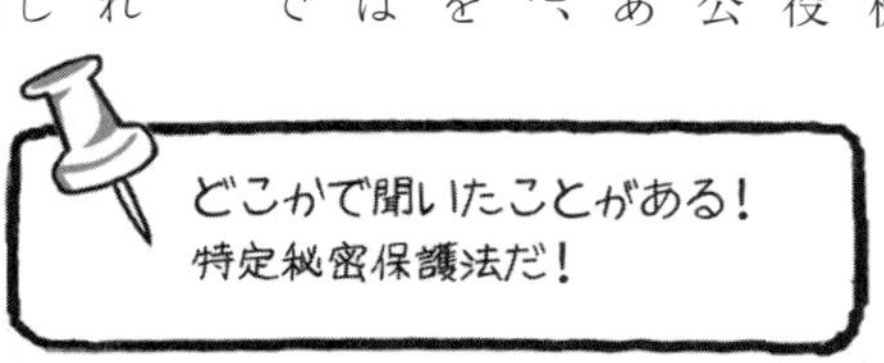
どこかで聞いたことがある！
特定秘密保護法だ！

《(2) その他の法律》

「軍機保護法」以外にも、多くの秘密保護のための法制度がありました。1907年に制定された刑法には、「外患に関する罪」として9条が定められていました。85条は間諜(スパイ)、軍事上の機密を敵国に漏泄した者は、死刑・無期もしくは5年以上の懲役とされました。

その他にも、「要塞地帯法」(1899年)、軍港・要港に関する件(1890年)、「防禦海面令」(1904年 日露戦争直前に緊急勅令で制定)、「軍用電信法」(1894年日清戦争時に緊急勅令で制定)などの軍事情報に関する秘密保護法制が戦争のたびごとに追加されていきました。

公務員の守秘義務については、戦後の「国家公務員法」には漏洩処罰の制度が定められていますが、1887年に制定された官吏服務規律には守秘義務が課され、違反に対しては懲戒処分ができましたが、刑事罰は規定されていませんでした。したがって、明治期における秘密保護法制は軍事情報に限定されたものであったといえます。*25

❖1936年「総動員秘密保護法案」の提案と挫折

1936年5月、69回帝国議会に「総動員秘密保護法案」が提案されました。この時期は2.26事件の直後で東京は戒厳令の下に置かれている状況での法案提出でした。同法案は、秘密保護の対象を「国家総動員上秘密保護の必要ある区域」(1条)「軍需工業、通信又は運輸に関する施設其の他の資源に関し国家総動員上秘密と為すべきもの」(2条)を勅令で定める総動員秘密保護委員会の議を経て指定する(3条)と定められていました。そして、その違反に対して過失に基づく場合も刑事罰を科し、戦時には刑罰も加重するとされ、戦時の最高刑は懲役10年とされていました。

この法案は、資源局が提案しましたが、きわめて適用範囲が広いにもかかわらず、この法案は非常に限定されたもので、運用は最小限度にするとの説明を繰り返しました。これに対して、議会は法の定めが不明確であり、言論の自由が損なわれる、こういう法律の網にかかるのは雑魚ばかりなど、**厳しい批判を受けて法案は審議未了で廃案となりました。**

軍国主義が忍び寄る中で、議会の最後の抵抗であったといえるでしょう。

❖1937年「軍機保護法」の制定とその後の改正

《(1) 法制定の根拠》

「軍機保護法案」が「旧軍機保護法」の改正法案として第70帝国議会に提出されたのは1937年2月であり、陸軍によるクーデターで多数の要人が殺害された2・26事件の1年後でした。日中の全面戦争の端緒となった、盧溝橋に銃弾の音が轟くわずか4か月余り前、時はまさに準戦時から戦時への端境期のことでした。この法案は、海軍省、内務省、司法省の協力を得て陸軍省が作成したものです。

「軍機保護法案」は、軍部、とりわけ陸軍の支持を受けた林銑十郎内閣により、議会に提出されました。帝国議会(七〇回貴族院)で、杉山元陸軍大臣の行った提案理由演説においては、

①世界各国は峻厳な取り締まりをしている。

②「軍機保護法」は現在の要求を満たさない。

③軍事上の秘密の種類と範囲を明確にし、省令で公示する。

④軍事上の秘密を要することが近代戦の特質である。
⑤過失に基づく行為等については、全体としての刑は引き下げると共に、極刑を科すことも可能にする必要がある。
⑥自首したときは減免できる規定を設け、国防上公にしないで処理できるようにした。

などの提案理由が説明されています。[26]

法案の提案理由説明書にも、「近代における戦争が国家の総合力を動員する広義国防国家に存することは周知の事実にして之に伴い平戦両時に亙りて保護秘匿を必要とするもの亦往昔の比にあらず。特に科学の進歩発達は戦勝の開鍵が平時極秘裡に準備研究せる斬新卓抜なる作戦用兵等の諸計画、編制、動員、出師、教育、訓練、艦船、兵器、資材其の他一切の統合に依りて構成せらるる奇襲戦法に存するの事実を確認するに至らしめたるを以て今や各国競ひて新戦法の創意と新兵器其の他の工夫に努むると共に之が秘匿保護に全幅の注意を払い、一方他国軍機の諜知偵察に関しては凡有手段を尽くして余さざらんとするの実状にあり」[27]（傍線引用者）と記載されています。法案は「旧軍機保護法」が8条であったのに比べ、21条に拡充されています。

「軍機保護法案」については、提案の当初、臣民の権利義務に重要な関係を有する事項は命令ではなく法律で定めるべきではないか[28]、死刑を科すような重大な刑罰法規の構成要件を陸海軍の大臣の命令にゆだねるのは不思議である、スパイだけでなく善良な国民でも引っかかりうる、このような法案が厳格に適用されたら、「うっかり話もできない、新聞や雑誌に書くこともできない」などの正当な批判がなされていました[29]。衆議院の名川侃市《ながわかんいち》議員は、一般国民は省令にあるかどうかなど、わからないはずで、「軍機と言って何で知るのでありますか、そこを承りたい」と核心を突く質問を行っています。[*30] しかし、衆議院での審議が始まってまもなく、林銑十郎内閣が衆議院を解散し、**法案はいったん廃案となりました。6月4日に第一次近衛文麿内閣が成立し、7月7日には盧溝橋事件が発生し、日中全面戦争に発展していく情勢となっていきます。**

1937年7月25日、新たな構成のもとに開会された第71回議会にこの法案は再提出され、7月30日には、貴族院本会議で法案は可決され、衆議院でも8月8日には成立しています。**慎重な審議の姿勢を貫くことは、戦線拡大の中で不可能となっていったのです。**しかし、このときにも、法案審議の過程で、政府案の問題点を厳しく指摘していた名川侃市議員の提案によって、「本法に於て保護する軍事上の秘密とは不法の手段に依るに非ざればこれを探知収集することを得ざる高度の秘密なるを以て、政府は本法の適用に当たりて須く軍事上の秘密なることを知りてこれを侵害する者のみに適用すべし」との付帯決議をつけた上で、全会一致で可決されています。議会のせめてもの抵抗といえますが、**その後の歴史は、このような気休めの付帯決議がほとんど役に立たなかったことを示しています。**

《(2) 広義国防国家の骨格としての秘密保護法制》

ここで、言われている広義国防国家とはどういう意味でしょうか。当時の陸軍は、2・26事件の失敗により、皇道派が退潮し、統制派が権力を掌握していました。統制派が説いた広義国防国家とは何か、1934年10月1日、陸軍省新聞班が公表した「国防の本義とその強化の提唱」(いわゆる「陸軍パンフレット」)に明らかにされています。このパンフレットは「たたかひは創造の父、文化の母である」との印象的なフレーズで始まり、「国防は国家生成発展の基本的活力の作用なり」「国防は必勝の信念と国家主義精神を養い、それには国民生活の安定を図るを要する」とし、①万世一系の天皇を頂く日本固有の国家観念の明徴、②社会政策によって資本主義の修正、国民生活の向上を図る、③軍事産業優先のため統制経済を導入するなど、国家総動員体制と国家社会主義的政策、国民の国防精神を涵養し、高度国防国家体制を作り上げるとしていました。明らかに、ナチスドイツを意識し、軍主導の国家社会主義＝ファシズム国家が志向されていたことがわかります。そして、このような国家の要が秘密保護制度の確立にあったのです。

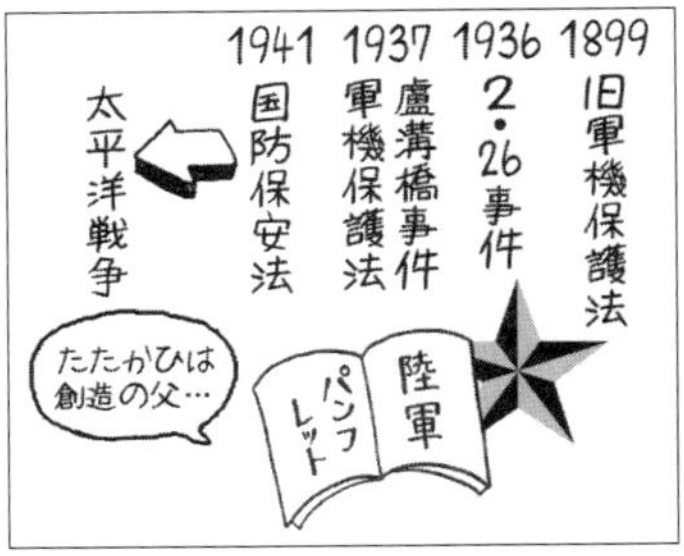

《（3）秘密の定義》

「旧軍機保護法」では保護される秘密を「軍事上秘密の事項又は図書物件」と定めただけで、それ以上の定義はありませんでした。「新軍機保護法」では、第1条第1項で「軍事上の秘密と称するは作戦、用兵、動員、出師其の他軍事上秘密を要する事項又は図書物件」と定めました。同条第2項で「前項の事項又は図書物件の種類範囲は陸軍大臣又は海軍大臣命令を以て之を定む」とし、「陸軍軍機保護法」施行規則及び「海軍軍機保護法」施行規則では次のように定めています。

「陸軍軍機保護法」施行規則

①宮闕守衛に関する事項、②国防、作戦又は用兵に関する事項、③編制、装備又は動員に関する事

項、④国土防衛に関する事項、⑤諜報、防諜又は調査に関する事項、⑥運輸、通信に関する事項、⑦演習・教育又は訓練に関する事項、⑧資材に関する事項、⑨軍事施設に関する事項、⑩図書物件に関する事項の10項目

「海軍軍機保護法」施行規則

①国防、作戦又は用兵に関する事項、②出師準備に関する事項、③軍備に関する事項、④諜報又は防諜に関する事項、⑤艦船部隊、官衙、又は学校に於ける機密(「軍機」又は「軍極秘」に属するものに限る)に属する教育訓練、演習又は研究実験の計画、実施若は其の成果、⑥通信に関する事項、⑦軍事施設に関する事項、⑧艦船、航空機、兵器又は軍需品に関する事項、⑨図書物件に関する事項の9項目

これを受けて陸軍大臣、海軍大臣が命令をもって具体的な指定できることとされました。このような法律の構造は、関連事項を無限に拡大することができ、拡大解釈が可能である点で、「特定秘密保護法」が採用した別表形式によく似ているといえます。

《(4)「軍機保護法」で規制される行為の態様》

「旧軍機保護法」では探知収集罪も漏えい罪も、「秘密であることを知って」これをすることが犯罪構成要件とされていました。**秘密と知らなければ、漏らしても犯罪には問われなかったのです。しかし、「新軍機保護法」ではこのような限定がなくなりました。つまり、知らずに過失で漏らしても、犯罪は成立するように変わったのです。**

「特定秘密保護法」では最初から過失犯も処罰されることが決められています。「特定秘密保護法」は、「新軍機保護法」のレベルの立法だと評価できるでしょう。

《(5) 罰則》

「旧軍機保護法」では、探知収集は重懲役、職務上知得領有者の漏えいは有期徒刑、偶然の知得領有者の漏えいは軽懲役でした。

これに対して、改訂された「軍機保護法」では、

①単純探知収集は6月以上10年以下の懲役、公表目的又は外国若しくは外国のために行動する者に漏えいする目的の探知収集は2年以上の有期懲役、

②業務上知得領有者の漏えいは無期又は3年以上の懲役、

③業務上知得領有者の公表又は外国若しくは外国のために行動する者への漏えいは死刑、無期又は4年以上の懲役、

④探知収集かつ漏えいは無期又は2年以上の懲役、

⑤探知収集かつ公表又は外国若しくは外国のために行動する者への漏えいは死刑又は無期若しくは3年以上の懲役、

⑥偶然の原因で知得領有した者の漏えいは6月以上10年以下の懲役、

⑦業務上知得領有者の過失漏えいは3年以下の禁錮又は3000円以下の罰金

等とされています。

つまり、規制される行為類型を細分化し、重大な違反行為の最高刑は死刑、無期にまで重罰化し、他方で過失による漏えいであっても処罰の対象とすることとしたのです。一般人も対象とされるような些細な行為まで処罰できるようにし、悪質な行為は厳罰化したといえます。このようなやり方も「特定秘密保護法」に受け継がれています。

また、法案は、未遂罪（15条）だけでなく、予備・陰謀、誘惑・煽動の処罰規定（16、17条）まで定めました。以上のほか、自首減免制度が導入されています。これらは、「旧軍機保護法」にもなかったものですが、**「特定秘密保護法」には最初から、共謀、独立教唆、煽動の処罰規定が導入されているのです。「特定秘密保護法」は、共謀罪処罰の点においても、「新軍機保護法」のＤＮＡを継承しているといえます。また、スパイ団の創設そのものが犯罪化されていることも特徴です。**

《(6) その後の「軍機保護法」》

「軍機保護法」は後述する「国防保安法」の制定時に一部改正されました。すなわち、１９４１年（昭和16年）の「軍機保護法」中改正法律（昭和16年3月10日法律第58号）によって、第7条の罰則が「千圓以下ノ罰金」から「三年以下ノ禁錮又ハ三千圓以下ノ罰金」に強化され、第１２條第1項第２號の「撮影」が「撮影若ハ模寫（模写）」に改正されています。絵を描くことまで犯罪としているのです。後に詳述する宮沢事件に適用されたのは、この１９４１年法でした。

第二次世界大戦の敗戦後、１９４５年10月13日、昭和二十年勅令第五百四十二号「ポツダム宣言ノ受諾ニ伴ヒ発スル命令ニ関スル件ニ基ク国防保安法廃止等ニ関スル件（昭和20年10月13日勅令第５６８

号）」によって廃止されるまで、この時制定された法律が有効でした。

❖「国家総動員法」における秘密保護条項

１９３６年に提案された「総動員秘密保護法」は廃案となりましたが、同様の内容は、１９３８年に制定された「国家総動員法」の中に規定されました。「国家総動員法」は、ナチスの「授権法」にならって、戦争のためのあらゆる資源の動員を政令によって遂行できることとした法律であり、このことは、第六章で詳述しますが、忘れてはならないことは、**この法の中に、秘密保護条項が含まれていたことです。**

まず、20条には**出版に関する規定が置かれ**、内閣総理大臣は**国策遂行に重大な支障の生ずる事項について記事の掲載を制限・禁止する権限が与えられました。**

44条には、総動員業務に関する官庁の機密の漏泄、窃用に関する処罰規定が置かれました。総動員業務に当たる者の場合は、２年以下の懲役又は罰金、公務員（退職者）の場合は、５年以下の懲役又は罰金と定められました。総動員業務に当たる民間人たとえば隣組の役員等にも処罰範囲が拡大されているところに特徴があります。

また、45条には、公務員が総動員に関する職務の執行に関して知り得た法人又は人の業務上の秘密を漏泄、窃用する行為を罰することにしただけでなく、同法によって設立された統制法人の役員や使用者にも同様の罰則を定めました。１９７４年にまとめられた改正刑法草案に規定され、厳しく批判された「企業秘密漏示罪」の源流はここにあるといえるでしょう。

❖戦争遂行体制と「国防保安法」

戦前期の秘密保護法制は、「軍機保護法」だけでなく、「軍用資源秘密保護法」、「国防保安法」、「要塞地帯法」、「軍港要港規則」、「陸軍刑法」、「海軍刑法」などからなっていました。その中でも、特に重要な、総仕上げの意味を持った法律が「国防保安法」でした。

「国防保安法」（昭和16年法律第49号）は国家機密のうち、政治的に重要な意思決定の過程の秘密を保護するために制定された法律です。太平洋戦争の直前1941年3月に公布され、同年5月に施行されています。「国家機密」は、御前会議、枢密院会議、閣議、帝国議会の秘密会議ならびにそのために準備した事項を含むとされました。そして、国家機密の漏洩、その他通敵を目的とする諜報活動、治安を害する事項の流布、国民経済の運行の妨害および妨害未遂を処罰することとしました。また、**未遂だけでなく、教唆、扇動、予備または陰謀などの前段階の行為が広く取り締まりの対象とされました。ここにも、共謀罪が導入されていることがわかります。処罰の最高刑は死刑とされ、著しい重罰化が図られています。**

刑事手続きにおいては検事に勾留などの広範な捜査権を与え、裁判は原則として二審制で、弁護人の選任は官選弁護人に限定され、人数も二人までに制限されました。これらの規定は、「治安維持法」にも適用されました。

この1941年の「国防保安法」の制定と「治安維持法」の大改正は、同時に行われたものであり、戦争遂行のための法体制の総仕上げの意味を持っていたといえます。わかりやすく言えば、「国防保安法」は、「軍機保護法」を戦争遂行のためのすべての国家業務に範囲を広げた法律であるといえるでしょう。戦争の実状を正確に国民に知らせず、むしろ戦況をカモフラージュして国民に伝え、そのために戦争の真実を明らかにしようとするものを厳罰に処すことにした法律であると評価できます。纐纈厚氏は、「国防保安法」は「軍事的な要請から発しただけでなく、日本国民の精神の有り様まで決定する役割を期待されていた」「国民の国家への無条件の忠誠心を強いる役割を担っていく」と分析分析しています。*31

安倍政権が制定した「特定秘密保護法」は、軍事に関する「軍機保護法」だけでなく、外務と警察などの主要官庁と国家安全保障会議など国の基幹会議の情報などを秘匿する「国防保安法」が対象とした部分を含んだ秘密保護のための総合的立法となっていることがわかります。この点からも、政府が秘密保護制度に関しても、戦前の歴史に学んでいることがわかるのです。

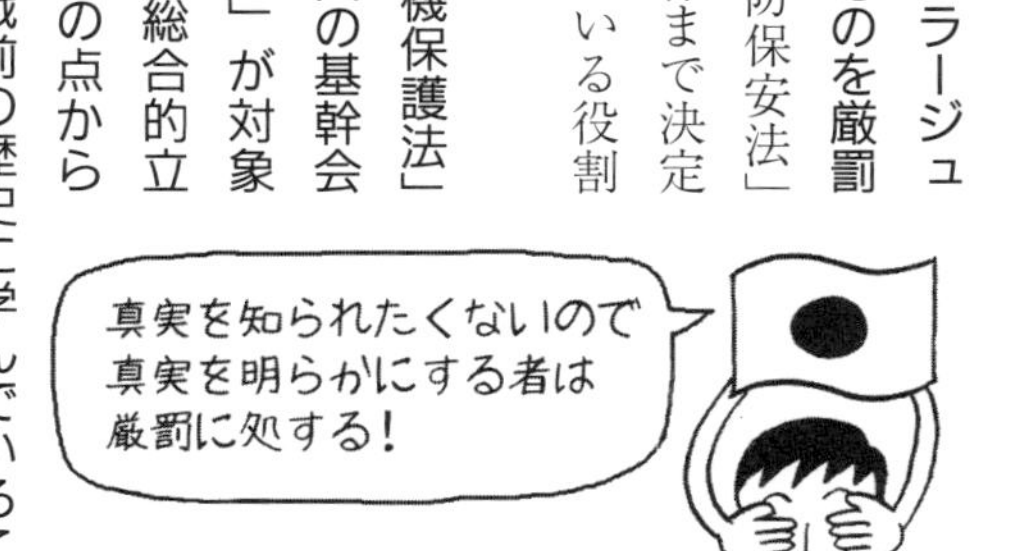

❖「軍機保護法」の初期の適用状況

旧内務省警保局が集計した1937年から1941年までの「軍機保護法」違反検挙人数（もしくは件数）は以下のとおりとされています。

出典：内務省警保局編「外事警察概況」第7巻（1941年）

1937年	1938年	1939年	1940年	1941年
38人	50人	289人	不明	149件

これら検挙された者（事件）が全て起訴されたわけではありません。起訴された事件は少数であり、大半は不起訴となっています。上記の統計にあるように1937年から1939年までに検挙された者は377名でしたが、有罪判決を受けた者はわずか14名です。

また別の調査によると、施行後2年間余りで、受理件数159件、人数280人、うち起訴されたのは31件44人、不起訴127件235人となっています（伊達秋雄「軍機保護法の運用を顧みて」『ジュリスト』1954年6月）。

このように、「軍機保護法」は、法適用の初期には、検挙だけがなされて、起訴せずに終わる、あるいは起訴されても裁判の結果相当数が無罪となるという興味深い結果を示していたといえます。

❖1941年5月の防諜週間

「軍機保護法」が改正され、「国防保安法」が制定されたことを受けて、1941年5月10日から、防諜週間が開催されました。

このときに出された1941年5月10日付けの隣組回報から、防諜週間の意義を紹介してみましょう。「防諜週間実施に就いてのお知らせ」（五月十日）がそれです。

「防諜週間実施に就いてのお知らせ」では、「各国は平時戦時を問わず多額の金とあらゆる手段方法を尽して他国の大事な秘密を探って居るのであります。ほんの一寸した不用意の言葉がスパイには有力な鍵となって国家は大損害をすることになります。

近代の戦争は国家の総力戦でありますから如何に前線の兵隊が強くても銃後国民の弛みなき心の備えがなくてはなりません。我が国の防諜事務は官憲に於て充分取締られて居りますが、国民の一人一人が不注意で居ては何にもならないのであります。

そこで政府は今回全国に防諜週間を実施して我が国防諜体制の完璧を期することになりました。期間五月十二日より十八日迄一週間」と告知されています。

続いて、「時局に処する心構え」（七月二十五日）では、

「一、時局柄　根のない噂話などはお互いにつつしみましょう
二、軍機に関すること其のほか、防諜に大事なことは銃後国民の務として絶対に守りましょう
三、国家の機密に関する取締は厳しくありますから違反しないように注意しましょう」
と、より具体的なものとなっています。街頭における宣伝だけでなく、全戸に回覧された回報で、この週間の趣旨が徹底されていたことがわかります。秘密の保護が、敵に対する警戒、周囲に対する猜疑心、無駄な話はしないと戦時の国民の意識をエスカレートさせていくことがわかります。

日本全国に「防諜委員会」が設けられ、1940年には年間3147回の防諜講演会が開催され、81万人が動員されたと言われます。[*32] このような防諜活動は、全国に張り巡らされた隣組とも連携して進められました（1941年5月に実施された全国防諜週間の様子は本書のカバー写真参照）。

❖太平洋戦争期における「軍機保護法」などの適用事例

検挙されても多くが不起訴となるような状況はまもなく変化していきます。噂話や自慢話が違反に問われたようなケースが、適用事例の大半であることは初期と変わりませんが、初期には起訴猶予や罰金などで済ませられていたようなケースが、太平洋戦争が始まる１９４１年以降の時期には、実刑の判決を受けるようになり、戦況の進展と共に厳罰化されていく様子がうかがえるのです。

①岡山県玉野市の自宅で、実父や友人に海軍管理の造船所での製作実験中の軍船の構造について話したことで懲役三年の刑に処せられている（岡山地裁１９４２年2月13日[*33]）。

②東京市で4歳時から養育された養父に対して、自己が重要な職務に従事していることを示すため、出征兵士の功績調査に関する簿冊や歩兵連

（上）「防諜かるた」の箱（『国民六年生』１９４１年新年号付録、小学館。「秘密法ミュージカルを神奈川に呼ぶ会」提供）
（右）スパイとの戦いを煽る「スパイ本」のラッシュ（山中恒氏の書斎にて）

隊早見表などの軍機書類を見せたことが「軍機保護法」3条1項違反に問われ、懲役3年の刑を受けている（東京地裁1943年3／4月）。*34

③愛知県で、三菱重工の職工が自宅で兄に対して製作中の爆撃機の発動機が双発で800馬力であることなどを話したことが、「軍機保護法」5条違反として、懲役一年執行猶予二年の刑に処せられた。*35

④生命保険の外交員が、偶然知った動員計画の対象である6名の者に動員計画の対象とされている事実を漏らして、生命保険の勧誘を行ったことが「軍機保護法」違反に問われ、予審に付された（判決内容は不明）。*36

⑤海軍管理工場において見習い工として働いていた者が、「呉海軍工廠で戦艦「大和」を作っていること、発表は4万トンだが、実際は7万トンだ、特殊潜行艇は、5、6人乗りで、4隻積める。」などと述べたことが、「軍機保護法」違反に問われ、懲役一年六月、執行猶予3年の刑に処されている。*37

⑥ミッドウェーの海戦で、かろうじて生還した息子の話を近親者に話したことが軍事上の秘密を漏洩したとして、検挙された。その話の内容は、「多くの戦艦が旧式で奇襲に適さなかった、新鋭艦「飛龍」のみが、先進艦隊と行動を共にしていた。被弾し、一時間で沈没、艦長は割腹自殺を遂げた。乗組員1500名中、生還したのはわずか5名である。飛行機の損害は100機をくだらない」などと言うものであった。この事件の判決内容は不明であるが、戦況を伝えること自体が全面的に秘匿されていたことがわかる。*38

⑦要塞地帯とされていた京都府舞鶴軍港の近くを漁場としていた漁師が、漁船からみた、「冠島に大砲の備え付けがあり、長く柱のようなものも立っている」と漁協の理事長に話したことが、「軍機保護法」違反に問われ、懲役6月の判決を受けている。*[39]

❖宮沢・レーン事件（太平洋戦争開戦時の「軍機保護法」の適用事例）

もう少し詳しく、実例をあげて事件概要を紹介することにしましょう。北海道大学の学生宮澤弘幸さん（1918年8月8日生）に対する適用例がそれです。*[40] 宮澤さんは日米開戦当日の1941年12月8日に逮捕されました。北海道帝国大学工学部2年生の宮澤さんは、北大予科で英語の教えを受け、交流のあった外国人講師ハロルド・レーン及びその妻ポーリン・レーン（いずれも米国人）との雑談の中で、次のような事実を話したことが罪に問われています。

①大学学生課の斡旋による夏季労働実習で行った樺太大泊町の港湾工事現場で目撃した事実
②右現場で係員から紹介された上敷香の海軍飛行場の工事現場で聴取した事項
③札幌逓信局長の斡旋で便乗した灯台船で巡航した樺太、千島列島および帰路の列車中で聴取、あるいは目撃したこと
④樺太の海軍大湊要港部で催された海軍軍事思想普及講習会に参加した折に見学知得したこと
⑤陸軍の千葉戦車学校での機械化訓練講習会に参加した折に聴講知得したこと
⑥満支方面を旅行した折に目撃知得したこと*[41]

宮澤さんは、このような学校の関係や私的旅行の過程で、「軍事上の秘密を探知収集し、かつ漏え

いした」罪（法4条2項。法定刑は無期又は2年以上の懲役）を犯したとされたのです。

宮澤さんは、札幌、夕張、江別警察署で特高警察の手により「逆さ吊り」の拷問を伴う激しい取り調べを受け、1942年3月25日、札幌地方裁判所検事局送致、同年4月9日に起訴、同年12月16日、札幌地方裁判所は懲役15年の判決を宣告しました。この判決は、1943年5月27日、上告棄却により確定しました。

一方、レーン夫妻は、宮沢から聞いた話を米国大使館駐在武官に伝えたなどと虚偽の事件をでっち上げられ、「軍事上の秘密を探知収集し、かつ外国へ漏えいした」罪（法4条2項。法定刑は前述のとおり死刑又は無期若しくは3年以上の懲役）を犯したとして逮捕され、これまた特高警察の手により激しい拷問を伴う取り調べがなされました。

1942年12月14日、札幌地方裁判所は、夫のハロルド・レーンに懲役15年の判決を宣告（1943年5月5日上告棄却により確定）、妻のポーリン・レーンに対しては、1942年12月16日、懲役12年の判決を宣告（1943年6月11日上告棄却により確定）しています。

宮澤さんは北海道網走刑務所で服役し、ハロルド・レーンとポーリン・レーンは札幌大通拘置所・苗穂刑務所で服役し、1943年9月に、ともに最後の捕虜交換船で帰米することができました。宮澤さんは1945年には栄養失調と結核で病舎へ移動し、同年6月に網走刑務所から宮城刑務所へ移送されました。1945年10月4日、GHQ覚書にもとづいて、宮澤さんは1945年10月10日に釈放されましたが、その健康は拷問と寒さのために決定的に害されていました。釈放のしばらくあとである1946年1月に宮澤さんが東京で親友であったイタリア人マライーニを訪ねました。彼に語った宮澤さん自身の言葉が残されています。

「ぼくはべりべりで結核だから、この先あまり長くない。でも戦争がこんな風に終わって良かったよ。日本はやくざな連中から自由になって、たぶんぼくが夢見たように、生まれ変わるんじゃないかな。スパイと言われて、ぶちこまれたのだけど、誰よりも君が知っているように、ぼくの唯一の罪は、英語やフランス語やイタリア語を学び、外の世界を知ろうとして、君たち札幌の数少ない外国人と仲が良かったことだ[*42]」

「たしかに裁判はあったけど、全部お膳立てができているんだ。見たこともない証人がでてきてぼくの言葉を否定する。大東亜戦争に破壊工作をした罪で二〇年の刑を言い渡されたんだ[*43]」。そして、当時の宮澤さんについてのマライーニ氏は、次のように報告しています。

「なんて変わり果てた姿！いったいどんなことをされたんだろう！二三歳か二四歳のはずだったが、まるで五十歳に見える。口に歯は一本もなく、肌の色は黄色く、日の当たらない牢獄に何年も閉じ込められ水ぶくれしたような身体。ああ！なんということだ。（中略）札幌にいた頃は、強く、寛大で、積極的、好奇心旺盛で、山を愛する学生だった。私が北海道に着いて、最初に友達となったひとりである。冬の北海道の北風の吹きすさぶなかを、スキーをはいて、何度一緒に山登りしたことか。この人間の残骸が彼とは信じられない。眼差しも別人のようで、内面に至るまで粉々にされたようだ[*44]」

宮澤さんは、みずからの名誉回復のために北大への復学願いを行い、自らの経験を本にまとめようとしていました。しかし、１９４６年12月末に喀血し、１９４７年2月22日に東京で死去してしまいます。まさに戦争遂行のための秘密保護護制度によってその若い命を奪われたといえるでしょう。

1951年4月1日付で、ハロルド・レーンは英語担当外国人教師としてポーリン・レーンを伴って北大に復帰しました。ハロルド・レーンは1963年8月7日、ポーリン・レーンは1966年7月16日に札幌で死去しましたが、宮澤家の人々とは生前に和解することができなかったとされます。宮澤さんの妹秋間美江子さんがレーン夫妻の墓に詣でたのは、80年代の「国家秘密法」反対の闘いの中で、レーン夫妻も弾圧の犠牲者であったことを知ったからでした。

宮澤さんへの検挙は太平洋戦争の開戦の日でしたが、これは偶然ではありません。特高警察は、内偵中であった「軍機保護法」・「国防保安法」違反事件を、開戦の日に摘発し、国民の中に敵に通ずるスパイが潜んでいるという恐怖をあおったのです。この日、検挙された者は全国で111人、断続して15人が検挙され、合計126名で死亡が一名と報告されています。*45 この検挙の結果、「米英系外諜組織は一応壊滅せられ、今後に於ける国内防衛態勢確立に裨益する処、洵に甚大なるものありたり」と警察は自慢しています。国民こそが防諜の主人公であるとして、秘密保護を強めることは、スパイへの恐怖をあおり、外国人への敵愾心を強め、戦争への反対や疑問の声をつぶすために最大限に使われたのです。

2013年の「特定秘密保護法」の制定が、安部内閣による一連の戦争法制準備の出発点であったこともまた、偶然ではないと言わざるを得ません。

第4章

戦争は情報と報道の操作から生まれる

❖明治・大正期の表現規制

《明治憲法下における表現の自由》

戦前の歴史においては、そもそも表現の自由が憲法上明確に保障されていませんでした。大日本帝国憲法第29条は、「日本臣民ハ法律ノ範圍内ニ於《おい》テ言論著作印行集會及《しゅうかいおよび》結社ノ自由ヲ有ス」と定め、表現の自由は「法律の範囲内」でしか保障されないことを定めていたからです。報道を国家がここに検閲するだけでなく、トータルに統制し、世論を動員することが公然と行われたのが戦前の社会の特徴です。

明治維新の直後である１８６９年、出版条例が制定されました。これが、近代日本の最初の出版関係の法規です。図書を開板しようとする者は管轄府県庁をつうじて行政官に伺出て、官許を得ようという内容でした。１８７５年に日刊新聞および定期刊行雑誌を直接規制する新聞紙条例と名誉棄損を罰する讒謗律《ざんぼうりつ》が制定されました。出版条例を引き継いで、１８９３年に「出版法」が制定され、出版物の事前検閲を政府が行うことができることが定められました。新聞紙条例を引き継ぎ、「新聞紙法」が１９１０年5月に制定されました。「新聞紙法」と「出版法」は１９４９年に廃止されました。このような、事前検閲と発行禁止制度は表現の自由に対するきわめて重大な威嚇効果を持ち、戦前の出版物を読む際には、このような制度の存在を念頭に入れなければ、出版物の真の意図を理解することは難しいといえます。

《白虹《はっこう》事件》

戦前の言論弾圧事件の始まりとしては、白虹事件が有名です。大正デモクラシーとされる時期、大阪朝日新聞はシベリア出兵や米騒動に関して寺内正毅内閣を「非立憲内閣」として激しく批判していました。

1918年8月25日、米騒動問題に関して関西新聞社通信大会が開かれ、各社から寺内内閣への批判が巻き起こりました。問題とされたのは、大会を報じた大阪朝日新聞の8月26日付夕刊（25日発行）の記事でした。

記事には「食卓に就いた来会者の人々は肉の味、酒の香に落ち着くことができなかった。金甌無欠《きんおうむけつ》の誇りを持った我大日本帝国は今や恐ろしい最後の裁判の日に近づいているのではなかろうか。『白虹日を貫けり』と昔の人が呟いた不吉な兆が黙々として肉叉を動かしている人々の頭に雷のように響く」との文章がありました。

「白虹日を貫けり」とは、荊軻《けいか》が秦王（後の始皇帝）暗殺を企てたが、その際に白い虹が出現し、凶事を知らせたという故事に基づくもので、国に内乱が起こる予兆があると指摘したものでした（『史記』鄒陽列伝。日は始皇帝を、白虹は凶器を暗示したものとされる）。

不穏当だと判断した大阪朝日新聞編集幹部は新聞の刷り直しを命じますが一部は回収することができませんでした。大阪府警察部新聞検閲係は、「新聞紙法」41条の「安寧秩序ヲ紊《みだ》シ又ハ風俗ヲ害スル事項ヲ新聞紙ニ掲載シタルトキ」に当たるとして、筆者・大西利夫と編集人兼発行人・山口信雄の2人を大阪区裁判所に告発し、検察当局は大阪朝日新聞を発行禁止（「新聞紙法」43条）に持ち込もうとしました。関西では大阪朝日新聞の不買運動が起こり、さらに憤慨した右翼団体・黒龍会の構成員らが通行中の大阪朝日新聞社の村山龍平社長の人力車を襲撃し、村山を全裸にしたうえ電柱に縛りつけ、首に「国賊村山龍平」と書いた札をぶら下げるという事態にまで至りました。

大阪朝日新聞は10月15日、村山社長が退陣し、上野理一が社長となり、鳥居素川編集局長や長谷川如是閑社会部長ら編集局幹部が次々と退社しました。村山・鳥居派と対立して総務局員の閑職にあった西村天囚が編集顧問となり、編集局を主宰し、12月1日には西村の筆になる「本社の本領宣明」を発表し、「不偏不党」の方針を掲げ、大阪朝日新聞は、発行禁止処分を免れることができました。しかし、「不偏不党」とは言うものの、政府への抵抗を放棄する意味合いが強く、大阪朝日新聞の対応は、政府には新聞の発行を禁止することができる権限があることを天下に示し、報道界に重大な萎縮効果を生みました。

❖関東軍の謀略とメディアの加担

《満州事変の伏線——1931年5月の万宝山事件と1931年6月中村震太郎大尉ら殺害事件》

次に、15年戦争の起点である満州事変がなぜ発生し、拡大していったのかを報道をめぐって分析してみましょう。

1931年5月に万宝山事件が起きます。満州事変の4カ月前のことです。満州の長春県万宝山付近で、朝鮮人の農民400人あまりが中国人の地主と契約して水田工事をしていたところ地主側が450人の農民を引き連れ工事を妨害したとされる事件です。日本の警察官が中国農民に発砲し、農民が傷害を受けました。しかし、双方に死者はありませんでした。とりわけ朝鮮側の農民には被害はありませんでした。ところが、この事件を報じた朝鮮の新聞がでたらめの記事を掲載します。このような報道は日本軍の謀略であったとされます。このような報道の結果、朝鮮で反中国暴動が起き、中国人１３７名が虐殺され、３９３名が負傷します。この事件を通じて中国と朝鮮・日本の関係が悪化していきます。

１９３１年６月27日、大興安嶺地区において敵情を視察していた陸軍将校中村震太郎大尉ら３名が中国の正規兵に殺害され、遺体が焼き捨てられるという事件が発生しました。日本側は厳重に中国側に抗議しました。その最終回答期限は９月20日でした。新聞は中国軍の非道と残虐を糾弾する記事掲載を繰り返します。「耳を割き、鼻をそぎ、暴戻！　手足を切断す。支那兵が鬼畜の振る舞ひ」（東京朝日新聞、１９３１年８月18日）などがそれです。

しかし、事件の真相は藪の中です。中国側の調査によると、中村大尉は軍人ではありますが、農業技師としての旅券を所持していました。そして、所持品を検査したところ軍用地図と日記、筆記録などが見つかり、中国軍からはスパイ容疑がかけられていました。射殺に至る経緯については、逃走を図ったので射殺したという説と中

耳を割き鼻をそぎ
暴戻！手足を切断す
支那兵が鬼畜の振舞ひ
慘殺前大尉の堂々たる説述
林總領事嚴重交渉
支那側猶豫を求む
奉派の緊急會議
調査隊派遣に決定
戰死でなくて殘念
岳父羽入少將語る
馬賊十數名
邦人宅を襲ふ

東京朝日新聞（1931年9月18日）

国兵の関玉衡が、中村と士官学校に留学した際の知り合いであったことから、気軽に声をかけたところ中村大尉が突然関を投げ飛ばしたため、かっとした関が中村大尉を射殺したという説があり、判然としません。しかし、耳や鼻を傷つけたり、手足を切断したという事実はありません。中国国防軍当局側は9月16日には、中村大尉殺害を認め、関を解職し、さらに軍法会議にかけるとしました。このような報道によって、中国に対する敵意があおり立てられている状況で満州事変は発生したのでした（山中恒『アジア・太平洋戦争史』岩波現代文庫、２０１５年、１７４～６頁）。

《関東軍の謀略は秘密にされた》

１９３１年9月18日、柳条湖《りゅうじょうこ》付近で、日本の所有する南満州鉄道（満鉄）の線路が爆破されました。関東軍はこれを中国軍による犯行と発表することで、満州における軍事行動と占領の口実としました。しかし、この事件は、関東軍高級参謀板垣征四郎大佐と関東軍作戦主任参謀石原莞爾《かんじ》中佐らが仕組んだ謀略事件でした。同日の午後10時20分ころ、中華民国の奉天（現在の中華人民共和国遼寧省瀋陽市）の北方約7・5キロメートルにある柳条湖付近で、南満州鉄道の線路の一部が爆発により破壊されました。まもなく、関東軍より、この爆破事件は中国軍の犯行によるものであると発表されました。このため、日本では、太平洋戦争終結に至るまで、爆破は張学良ら東北軍の犯行と信じられていました。

事件の首謀者は、関東軍高級参謀板垣征四郎大佐と関東軍作戦主任参謀石原莞爾中佐です。爆破を直接実行したのは、奉天虎石台《ほうてんこせきだい》駐留の独立守備隊第二大隊第三中隊（大隊長は島本正一中佐、中隊長は川島正大尉）付の河本末守中尉ら数名の日本軍人グループです。現場には河本中尉が伝令2名をともなって赴き、斥候中の小杉喜一軍曹とともに、線路に火薬を装填しました。関東軍は自ら守備する線路を爆破し、中国軍による爆破被害を受けたと発表するという、自作自演の謀略によって満州を軍事占領したのです。

奉軍滿鐵線を爆破
日支兩軍戰端を開く
我鐵道守備隊應戰す
【奉天十八日發電通】本日午後十時三十分奉天駐在の我鐵道守備隊と北大營の東北陸軍第一旅の兵と衝突目下激戰中である
我軍北大營の兵營占領
【奉天十八日發電通】本日午後十時半北大營の西北において暴戻なる支那兵が滿鐵線を爆破し我が守備兵を襲撃したので我が守備隊は時を移さずこれに應戰し大砲をもつて北大營の支那兵を砲撃し北大營の一部を占領した
【奉天十八日發電報】十八日夜十時半北大營西北側において支那兵と我守備隊兵と交戰が開始されたが續いて十一時二十分獨立守備隊は全力をあげて北大營を攻撃し駐在二十九聯隊は支那の危機を救ふ目的で城內の支那兵を掃滅すべく攻撃中である、目下砲撃猶々全市を震動しつゝある
奉天城へ砲撃を開始
【奉天十八日發電通】午後十一時二十分我軍は北大營の支那兵營の一部を占領した
【奉天十八日發電通】我軍は奉天城に向つて砲撃を開始した(午後十二時)
駐在二十九聯隊出動
【奉天十八日發電通】北大營(奉天北方三マイル)における日支兩軍の激戰はなほ盛んに續けられてゐる、奉天駐在の第二十九聯隊および鐵道守備の獨立守備隊第二
奉天城正門(上)と城內市街地(下)

東京朝日新聞(1931年9月19日)

《批判するメディアはバッシングによって沈黙させられた》

しかし、このことは徹底的に隠されました。多くのメディアは中国側の非道を強く訴えました。とりわけ東京日日新聞(現毎日新聞)は、中国に対する敵意をあおり立てました。

半藤一利氏によれば、大阪朝日新聞は、高原操編集局長の下で、柳条湖事件について「この戦争はおかしいのではないか、謀略的な匂い、侵略的な匂いがする」と報道していました。結果として正しい報道をしていたのです。そのとき、在郷軍人会などが組織した激しい不買運動を受け、部数を減らすことになります。奈良県下では一紙も売れなくなったといわれます。そして、10月12日の役員会議で高原編集局長は次のように述べたことが憲兵調書に記録されています。つまり、朝日新聞内部の密告者が憲兵に届けたのでしょう。そこには次のように記載されています。

「今後の方針として、軍備の縮小を強調するのは従来のごとくなるも、国家重大の時に際し、日本国民として軍部を支持し、国論の統一を図るは当然のことにして、現在の軍部及び軍事行動に絶対批判を下さず、極力これを支持すべきこと」*46

大阪朝日の抵抗は一カ月ともたなかったのです。２０１４年秋に慰安婦報道や福島原発吉田調書報道をめぐり、朝日新聞に起きたことは、このような歴史の再現ではないかということを危惧します。*47

《大手マスコミは真実を知りながら報道しなかった》

もうひとつ、衝撃的な事実がＮＨＫの取材によって明らかになっています。柳条湖が関東軍の謀略であることは、全国紙の記者には政府からひそかに耳打ちがされていたというのです。このことは、２０１１年にＮＨＫスペシャル中で放映されています。

東京朝日新聞も事変当初には慎重な報道を行っていましたが、緒方竹虎編集局長は陸軍参謀本部作戦課長であった今村均と接触し、料理屋で食事をしながら、事変が関東軍による謀略であることを打ち明けられながら、現地の在留邦人の悲惨な状況を見れば、謀略を企てたこともやむを得ないという説得に「あーそうですか、初めてよくわかった」と応じ、それ以降論調を転換させたといいます（今村均の証言）。また、「のちに報道部長になる谷萩（那華雄）大尉というのがおりまして、記者クラブでわれわれに話してくれたんですよ。『実は、あれは関東軍がやったん

権力が隠そうとしていることの中にこそ
真実があるんだ。
それを告発するのが
ジャーナリストの務めなんだね

陸軍省新聞班と記者クラブ。後ろから２列目、向かって右から４人目が石橋恒喜氏
（提供：石橋栄子氏）

だよ』ということをこっそり耳打ちしてくれました。」（石橋恒喜・東京日日新聞記者の証言[*48]）

しかし、このことを報道した報道機関は存在しません。軍と報道機関は「国益」という名目のもと、強固な同盟＝共犯関係に陥っていったのです。謀略と知りながら、爆破は、中国軍の仕業という報道を繰り広げていたメディアは、政府と一緒になって謀略を進めた共犯者だったということになります。

このような報道機関の戦争責任の追及が不十分なままに終わったことをもう一度総括する必要があります。

❖満州国の不承認が犬養首相暗殺の原因か

《関東軍による満州国独立》

関東軍は満州事変後、満州各地に親日的

な行政機関を形成し、これを糾合して満州国を樹立するための準備を進めました。政府と軍の中央部は、この動きをとどめようと動いていました。１９３１年10月には、両者の対立は、抜き差しならない状況にまで至ります。10月17日には、陸軍将校の大検束が行われます。陸軍将校によるクーデター事件が発覚したのです（十月事件）。荒木貞夫を首相兼陸相、内務大臣に橋本欣五郎、大蔵大臣を大川周明、警視総監を長勇などとする予定内閣名簿も作成され、政権を軍部で奪い、独裁制を敷く計画であったとされます。

《犬養内閣の進めた対中国政策と関東軍との対立》

１９３１年12月若槻内閣に変わり、犬養毅を首班とする内閣が誕生します。犬養内閣は、馬賊行為の増大を理由に、それまで禁止されていた遼河以西の地域への日本軍の進出を認めるなど、軍部の要求に協調的であったとされます。

しかし、緒方貞子氏の『満州事変――政策の形成過程』*[49]は、犬養が中国における武力紛争をどのように解決しようとしていたかを、当時の政府内部文書を発掘し、丹念に追う中で次のように述べています。

犬養は、「日本は中国と満州における権益の保証について合意に達する努力を行うが、その代償としては日本は引き続き満州に対する中国の主権を認める。また、満州は別個の地方政権により統治されることとされていた*[50]」といいます。このような政策は、「満州の将来に対しては中国に一切の権利を認めない関東軍の計画と当然相容れないものであった*[51]」といえます。

そして、犬養は自らの腹心である萱野長知《かやのながとも》を、内閣成立の数日後に南京に派遣し、中国政府に対して、「満州における中国の主権の承認を表明した上、満州の地方的問題を処理するために国民党の長老であり当時司法院長であった居正を委員長とする政務委員会を設け、日中が平等の立場に基づいて満州の経済開発に当たることを提案した」[*52]、「萱野は中国に渡り孫文の息子で当時の行政院長の職にあった孫科の合意を取りつけることに成功したといわれているが、それが森（森恪内閣秘書官長で、三井物産の社員として若い頃は中国で働き、孫文を支援していたこともあるが、権益拡張を図る軍部に接近していた。引用者注）の知るところとなり、森はこれを軍部に伝えたため結局失敗に終わってしまった」といいます。[*53]

関東軍の暴走は犬養首相もとどめることができず、1932年3月1日には、清朝最後の皇帝である溥儀を元首として、満州国が建国されます。満洲国は建国にあたって自らを満洲民族と漢民族、蒙古民族からなる「満洲人、満人」による民族自決の原則に基づく国民国家であるとし、建国理念として日本人・漢人・朝鮮人・満洲人・蒙古人による五族協和と王道楽土《おうどうらくど》を掲げました。しかし、この国は実際には関東軍の傀儡《かいらい》国家でした。

大変興味深いことに、1932年3月15日の閣議で、犬養内閣は満州国について、「国際公法上の承認を与えることなく、できる範囲において適当な方法で拡販の援助を与え、漸次《ぜんじ》独立国家の実質を具備するよう誘導する」という趣旨の方針を確認しています。この時期に至っても、犬養が満州国を承認しなかったことは、注目すべきことです。犬養は、なんとしても、関東軍の独走を止め、政党政治に対する国民の信頼を回復し、中国の満州に対する主権を認めた上での日中間の軍事紛争を国際社会から認められる形で、平和的に解決することを目指していたのです。

《社会の雰囲気を戦争一色に染めた上海事変と爆弾三勇士事件》

一方、関東軍は満州国の樹立に向けて動いていましたが、列国の注意をそらそうとして、上海で軍事衝突を起こし第一次上海事変の勃発となります。第一次上海事変中の１９３２年2月22日、日本軍が、蔡廷鍇《さいていかい》率いる国民革命軍19路軍が上海郊外（現在は上海市宝山区）の廟行鎮に築いたトーチカと鉄条網とクリークで守られた敵陣へ突入するため、鉄条網の破壊をする作戦が決定されます。

「肉弾三勇士」のはがき

この作戦に約36名が志願し、独立工兵第18大隊（久留米）の江下武二、北川丞、作江伊之助の3名の一等兵が選ばれます。彼らは突撃路を築くため点火した破壊筒を持って敵陣に突入しこれを爆破させ、自らも爆発に巻き込まれて3人は戦死しますが、鉄条網の破壊に成功したのです。まさに特攻自爆の攻撃でした。

当時の陸軍大臣荒木貞夫は、この事件を愛国美談に仕立て、爆弾三勇士《ばくだんさんゆうし》と命名しました。大阪毎日新聞・東京日日新聞は「爆弾三勇士」を使い、大阪朝日新聞・東京朝日新聞は「肉弾三勇士」と称しました。事件の直後である2月24日には『東京朝日新聞』で「「帝国万歳」と叫んで吾身は木端微塵」、25日に『西部毎日新聞』で「忠烈まさに粉骨砕身」、『大阪朝日新聞』で「葉隠れ主義の露堂々」など、愛国美談として広く報道されました。それまで軍部に対する批判的意見は広範に存在していましたが、新聞の好戦的報道は頂点に達しました。直ちに映画や歌、さらには児童書さらにはグリコのおまけの文鎮にまでなり、戦意高揚に大きな役割を果たしたのです。

また、この同じ時期に、2月9日、選挙への応援演説に向かう途中の道で血盟団（日蓮宗の僧侶である井上日召が1931年に結成した右翼政治結社である。井上は、政治経済界の指導者をテロによって暗殺してゆくことによって、軍内の呼応する勢力によってクーデターを起こし、国家の改造を図ろうとした）の小沼正によって、前大蔵大臣の井上準之助が暗殺されます。井上は次の首相とも言われていた大物政治家でした。続いて、3月5日には、三井財閥の総帥団琢磨が、東京日本橋の三越本店寄り三井本館入り口で血盟団の菱沼五郎に狙撃され、暗殺されました（血盟団事件）。

《5・15事件——政党政治の終焉と満州国の承認》

同年の5月15日、古賀清志、三上卓ら武装した大日本帝国海軍の青年将校と陸軍の青年下士官ら18名、水戸愛郷塾（塾長は橘孝三郎）の農民決死隊20名が総理大臣官邸などに乱入し、現職の内閣総理大臣犬養毅（立憲政友会）を殺害しました。5・15事件と呼ばれる軍による反乱事件です。従前、5・15事件の動機は、統帥権の干犯問題や政党の腐敗に対する怒りなどと説明されることが多かったと思います。これらは、いわば、裁判での被告人らの言い訳であり、弁護人の情状弁論の中でいわれたことです。緒方貞子氏は、前掲書において、満州国の非承認こそが、関東軍・右翼勢力の逆鱗に触れ、犬養の暗殺を招いたことを強く示唆しています。このとき、首相官邸だけでなく、立憲政友会（政友会）

本部・警視庁・三菱銀行とともに、牧野伸顕内大臣も襲撃対象とみなされました。天皇の側近まで狙われたのは、君側の奸と目されたためです。

この事件により、加藤高明内閣以来続いた政党内閣は終焉を迎え、この後斎藤実、岡田啓介という軍人内閣が成立します。犬養の死によって、立憲政治は危機に陥り、中国政府と紛争を平和的に解決することを模索することは不可能となりました。斉藤内閣の下で、同年の9月15日には、日満議定書が締結され、日本政府は満州国を承認しました。議定書の主要部分は、

1．満洲国は満洲国領域内で、将来日満両国間で個別の条約を締結しない限り、従来日本国と日本国民が中華民国との間で締結した条約・協定・その他の取り決めや公私の契約によって得ていた全ての権利利益を認め、これを尊重する。

2．日本国と満洲国の一方の領土や治安に対する脅威は、同時にもう一方の平穏に対する脅威であるという事実を認識し、両国は共同で国家の防衛に当たるべきである事を約束する。このため、日本軍は満洲国内に駐屯する事とする。

とされています。

❖情報操作が戦争をあおり立てる報道を生み出し、誰も止められなくなった

《満州事変時の報道を総括して生まれた情報委員会と同盟通信社》

ここで、戦争報道に対する政府の指導・コントロールの歴史経過を追ってみることにしましょう。まず、満州事変の後、外務省で陸海軍の幹部も参加して時局同志会が開かれます。政府による情報

統制の歴史の出発点は国内ではなく中国から始まったのです。１９３２年、日本を非難する国際世論の高まりに、外務省は帝国主義的外交で名高い内田康哉外務大臣のもとで対外情報戦略の練り直しを迫られます。外務省情報部の白鳥敏夫はこれまでの陸軍省新聞班との経緯を水に流し、１９３２年６月に外務・陸軍（鈴木貞一他）参謀本部（武藤章他）の局部長・佐官級による連絡会議として「時局同志会」を結成しました。同志会は情報宣伝に関する委員会設置を決定しました。

１９３２年９月10日、外務、陸軍、海軍、文部、内務、逓信６省の情報関係局部長による非公式な情報委員会が設置されます。これが、官制によるものに発展したのが、１９３６年にできた内閣情報委員会です。内閣書記官長のもとに政府各省庁と各軍の官僚により、公安維持のために積極的な情報統制や情報発信をする機関として活動しました。この組織も、国内の統制ではなく外務省の対中国戦略がメインでした。

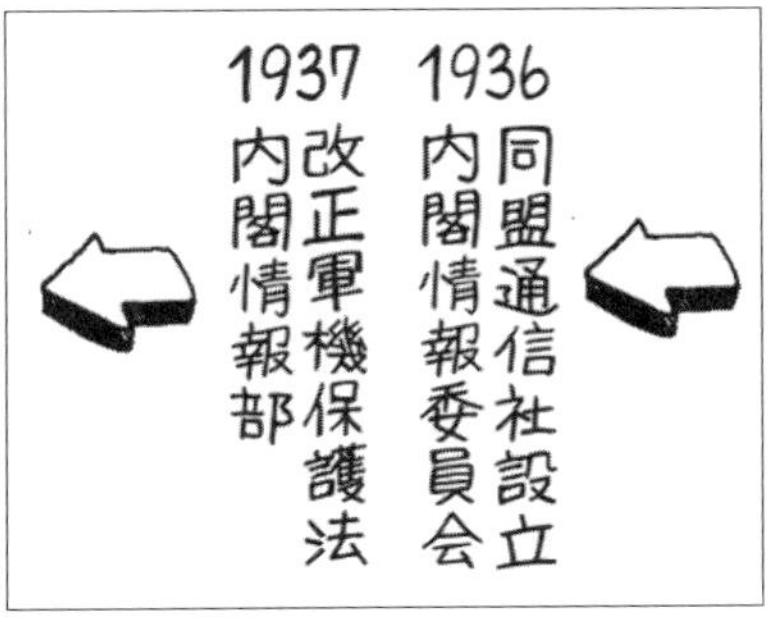

情報委員会は内閣総理大臣の管理に属し、各庁の情報に関する重要事務の連絡調整を行うこととされました。委員会の目的は、「国策遂行の基礎たる情報」「内外報道」「啓発宣伝」に関する連絡調整とされています。１９３６年1月には、日本電報通信社の通信部門と新聞聯合社が合併して、同盟通信社（共同通信社・時事通信社・連合通信社の前身）が誕生しました。まさに、英ロイターや米ＡＰに対抗しうる、日本の国策を世界に発信する通信社の誕生です。この通信社には一時期には５５００人が勤務していました。

《リットン調査団と国際連盟からの脱退》

満州事変を受けて中国政府は１９３１年９月21日、国際連盟に提訴し、平和を危うくする事態の拡大の防止と原状回復、そして賠償をもとめました。これを受け、国際連盟は迅速な撤兵を日本政府に求めました。そして、日本政府側の提案によってリットン調査団が現地に派遣されることが１９３１年11月に決まりました。この決定自体は、日本に時間を稼ぐ機会を与えたもので、日本政府の外交的勝利であると見ることができます。

昭和天皇は１９３２年１月８日に、満州事変における関東軍の活動に関連する勅語を発しました。この勅語は、関東軍は自衛の必要上、素早く事変に対処して、各地に蜂起した匪賊《ひぞく》を掃討し、非常な困難を克服してよく頑張ったという内容であり、軍中枢の意向を無視してなされた関東軍の独走を追認する重大な意味を持つものとなりました。

１９３２年２月から調査団は東京を、４月には中国の現地を調査しました。日本政府はこの国際調査団を大歓迎し、日本国内の観光地の案内までしました。そして10月に報告書が公表されました。

この時期に１９３２年３月に関東軍は国際連盟の自粛の要請にもかかわらず、傀儡政府「満州国」を建国し、日本政府に承認を迫りました。満州国は外交と防衛は日本に委託するとされており、明らかな傀儡国家ではありましたが、犬養内閣は満州国を承認せず、日中間の紛争の平和的解決を目指しましたが、５・１５事件によって、海軍将校らに殺害されたことは前に述べたとおりです。

柳条湖事件を調査した国際連盟のリットン調査団の報告書をきっかけに、日本政府は国際連盟を脱退し、世界の中で孤立していくわけですが、今の時点でこの報告書を読み返すと、たしかに満州国は真の独立国とは認められていませんが、他方で日本の日露戦争後の満州に対する権益を大幅に認めたものであり、この報告書に基づいて日本の進路を決めることができていれば、その後の日中戦争・日米開戦は避けられた可能性があると思います。犬養が目指していた解決の方向とこのリットン報告書とは、驚くほど考え方が似ていると評価できます。

しかし、日本の報道機関はリットン調査団報告書が国際法の下で、日本の国益にも配慮した内容であることを正確に報道せず、その批判に終始し、自ら国際的な孤立の途を歩むことに荷担したといわねばなりません。

「錯覚、曲弁、認識不足　発表された調査団報告書」（東京朝日新聞）
「夢を説く報告書　誇大妄想も甚だし」（東京日日新聞　大阪毎日新聞）
「認識不足と矛盾のみ」（大阪朝日新聞）

しかし、このリットン調査団の報告について、国際社会の公正な見方を示すものと報じていた報道機関もありました。東洋経済新報社の石橋湛山は小日本主義を唱え、植民地経営には経済的な利益はなく、相手国からの反感を招くだけであると主張し、「一切を捨つる覚悟で」満州や山東からの撤退を主張していましたが、リットン報告書についても、その経済速報で、国際連盟やリットン調査団の報告書内容を客観的に解説し、これが国際社会の公正な見方であると報じています。このような冷静な見方があったことは救いではありますが、このような見方は大手報道機関による報告書批判の大報道の前には無力でした。

この時点で、報道機関の上層部は満州事変が関東軍の謀略であることを知っていたことは前に述べました。報道機関は、みずから真実を知りながら、これを市民に伝えず、国際機関からの公正な解決方針を排撃し、国の進路を過ちに導いたと指弾されてもやむを得ないと考えます。

《国際連盟の脱退――マスコミが煽った国際的な孤立化への道》

1933年1月26日付東京日日新聞は、次のように報じています。

「断固脱退すべし　他の会議出席は無意味　姑息な代表引き揚げに軍部の反対強硬」

1933年2月1日の閣議において、大蔵大臣の高橋是清が陸軍大臣の荒木貞夫に対して、陸軍が外交に関する声明を発表することをたしなめ、連盟脱退を煽る新聞を取り締まるように求めました。

松岡洋右の著書。大変人気があったことがわかる（山中恒氏の書斎にて）

しかし、荒木は新聞の論調は新聞の問題であり、陸軍の宣伝ではないとシラを切りました。[*54]

1933年2月24日、国際連盟特別総会においてリットン報告書に基づく対日勧告が採択されました。松岡洋右首席全権代表は、「日本は断じてこの勧告の受諾を拒否する」と演説し、議場を退場しました。3月27日には日本は国際連盟から脱退し、松岡代表は4月27日に帰国しました。

新聞は、「松岡代表鉄火の熱弁」（東京朝日新聞）、「松岡代表の凱旋を迎ふ」（東京日日新聞）と、松岡氏に拍手喝采を送り、横浜港の岸壁には日の丸を掲げて万歳を叫ぶ大群衆があふれたといいます。[55] 冷静な議論は不可能となり、全面戦争は避けられなくなっていったのです。

《清沢洌「現代ジャーナリズムの批判」の指摘》

この時期、まさに1934年7月に公表された清沢洌《きよさわきよし》『現代ジャーナリズムの批判』は、まさに当時の報道批判の白眉といえます。リットン調査団が日本に来たときのことを清沢は次のように表現しています。[56]

「これが日本に来ました時には日本も歓迎をいたしまして、丸で嫁入り前の娘を有っておるお母さんが有望な青年が来たときのように、遠慮をしておったり、相手を歓迎しておったものであります。やれ日光へいく、やれ大阪へ行くというので大騒ぎをした。ところがこの委員が報告したものは案外日本にとってよくなかった。私どもはその全部が悪いのではなくて、相当にいいところもあったと思ったのでありますけれども、然しとにかくその中に日本の不利な所が書いてあるが故に、烈火のように憤って排撃した。」として、大新聞までが、この報告は中国から賄賂をもらって書かれたというようなことを書いたと紹介しています。まさに、ここに日本のジャーナリズムの底の浅さが露呈しているといえます。

そして日本の報道の弊として「短兵急の外交と無批判支持の弊」「個性無視とゴシップ好き」「放送局改組に見る官吏跋扈」「確実性の軽視（具体的な数字や問題を軽視している）」「リベラリズムの立場がない（自由主義がどんなに馬鹿にされても新聞だけはリベラリズムでなければならない、プロレタリア・ジャーナリズムにもブルジョア・ジャーナリズムにも自由はない。両方の立場を公平に報道する新聞こそが新聞として成功している)」などのポイントを指摘しています。

清沢の批判的な評論は徐々に発表の場を失っていき、『暗黒日記』に、日々の思いをつづるよりほかなくなっていきます。ここに、指摘されている日本の報道機関の弊は残念ながらいまもほとんど克服されることなく、私には、また誤りを繰り返そうとしているように思われてなりません。

《2・26事件と朝日新聞襲撃》

1936年、2・26事件は、軍事的な暴力によって政府高官多数を殺害したテロ事件でしたが、反乱軍は朝日新聞をも襲撃し、「国賊朝日新聞を破壊するのだ。」と叫んで、社内の各室で乱暴狼藉を働いたとされます。

当時、軍部では大正時代から朝日新聞、中央公論、改造が陸軍の兵営内では読ませてはならないとの通達が出されていました。この襲撃は、新聞界の自由主義的傾向へのとどめの一撃となったといわれます。

❖日中全面戦争を支えた情報操作の体制

《蘆溝橋事件の教訓》

15年戦争の歴史を振り返るときに、1937年7月7日に発生し、日中全面戦争の突破口となった蘆溝橋事件の教訓をかみしめる必要があります。蘆溝橋事件の発端となった運命の銃声は誰が放ったものかについては、いまだに不明のままです。しかし、7月9日には日中間の外交交渉により停戦協定が成立します。にもかかわらず、この銃声が本格的な日中戦争に発展したのは、現場の牟田口廉也《むたぐちれんや》連隊長が「敵は協定を守るはずがない」として、河辺正三旅団長の了承も得ることなく、独断で抗戦命令を出し、兵を進めたためです（半藤一利『昭和史』平凡社文庫、189頁）。

現場判断に委ねるということが、どのような悲惨な事態を招くか、この一事を持ってしても明らかです。2016年、安全保障法制によって認められた、「駆けつけ警護」などで、ちょっとした武力紛争が一気に戦闘の全面化を招きかねないことがわかります。

また、盧溝橋事件が起きたとき、首相は近衛文麿でした。近衛に対する組閣の大命が下りたのは6月1日、組閣は4日、そのわずか1カ月後に近衛内閣は盧溝橋事件という突然の戦闘開始と軍の現場の暴走という試練にさらされることとなったのです。1937年7月11日、5大臣による会議が開催され、「北支派兵に関する政府声明」が発表されています。

この段階では、「今次事件は全く支那側の計画的武力〔であり〕抗日なること最早《もはや》疑いの余地なし」、「本日の閣議において重大決意をなし、北支派兵に関し政府として執るべき所要の措置をなす事に決せり。」、「しかれども、東亜平和の維持は帝国の常に顧念するところなるをもって、政府は今後とも局面不拡大のため平和的折衝の望みを捨てず、支那側の速やかなる反省によりて事態の円満なる解決を望む」（〔〕は引用者）という、どっちつかずのあいまいな内容でした。

当時の内閣制では、総理大臣も天皇を補弼《ほひつ》する平等の立場であり、首班である総理大臣も、他の大臣とりわけ陸軍・海軍大臣を指揮することはできず、このようなあいまいな形でしか政府の方針を決められなかったのです。

《情報委員会から情報部、情報局の設立に至るまで》

「改正軍機保護法」は日中戦争の開始の直後である1937年8月14日に成立・公布され、10月10日に公布されています。その内容は徹底したもので、**軍事機密の探知、収集、漏洩を厳罰に処しました。**軍人だけでなく、民間人も対象とされ、あらゆる軍事関連施設の測量、撮影、模写、記録、複写が禁止・制限されました。日中全面戦争と軍の秘密保護強化が一体として進められたことは明らかです。最高刑は死刑とされました。

このような、国家による情報管理の要となったのが、情報局でした。新聞や雑誌の編集と報道の方針にまで介入した言論取締機関でしたが、その設立に至る経過はまさに戦争への途と併行していたといえます。最初は情報宣伝の連絡調整機関として設置された内閣情報委員会（1936年）は、情報部（1937年）を経て情報局（1940年）へと拡大していきますが、以下にその経過をたどっていきます。これと並行して、新聞社の統合や国外国内のニュース・ソースを一元化した国策通信社である同盟通信社が設立（1936年）されたことは前述しました。内閣官房を間に挟んで外務省と陸軍との綱引きが水面下で行われた結果、1937年、「内閣情報部」に改められ、情報収集や宣伝活動が職務に加えられました。

《情報委員会「北支事変に関する宣伝実施要領」》

1937年7月22日、発足後1年を経ていた情報委員会は「北支事変に関する宣伝実施要領」を決定しました。しかし、この要領は極秘とされました。この要領の中で、「今次事変は、帝国の隠忍にかかわらず、支那側の不法暴戻《ぼうれい》に依り、今や拡大して真に重大なる決意を採り、暴支を断固膺懲《ようちょう》せ[*57]ざるを得ざるに至れるを以て、深く国民の覚悟を堅めしめるとともに、世界の輿論が我が方に有利ならしむる如く導くこと」が基本方針とされました。[*58]

しかし、前記の事実を見れば、日本軍側が停戦合意を踏みにじって軍を進めたことは明らかで、このような宣伝は明らかに事実に反するものでした。**軍中枢は表面的にはブレーキをかけようとしつつ、結局関東軍の現場の暴走を追認していったといわざるをえません。そして、ここでも報道機関による誤った報道が国の進路を誤らせたことが確認できます。**

《威勢の良い指導者の言葉とメディアの煽動が泥沼の戦争を招いた》

威勢の良い言葉が泥沼の戦争を招いたことも重要な教訓です。１９３７年12月13日、南京は陥落しました。１９３８年1月16日近衛文麿首相は駐華ドイツ大使であるトラウトマン工作に基づいた和平案提示に対し、蒋介石総統の国民政府が応じないことを理由として、交渉打ち切りの声明「帝国政府声明」を発表します。近衛はこの声明の中で「国民政府は帝国の真意を解せず、みだりに抗戦を策し、内民人塗炭の苦しみを察せず、外東亜全局の和平を顧みることなし。よって、帝国政府は爾後《じご》（蒋介石）国民政府を対手とせず、帝国と真に提携するに足る新興支那政権の成立発展を期待」すると表明したのです。戦争を行っている相手と今後交渉しないという声明は紛争解決の途を自ら塞ぐ愚の骨頂のような声明でした。世論受けを狙って発した、このような不用意な言葉が、日中戦争の終わりのない泥沼化を招いたのです。ジャーナリストが人質となっている中で、安倍首相が中東における演説で「イスラム国と闘う」などと述べた不用意な言動には、これと同じような深刻な危惧を感じます。わざわざテロの標的とされるようなことをしたといえます。

我々が政府の進める戦争政策にノーと言い続けるには、勇気が必要です。戦前と異なり、現代は表現の自由が保障されています。萎縮し、自主規制しない限り、私たちは、自らの意見を述べただけでは、罰せられることはないはずです。戦前の言論統制下とは根本的に異なるのはこの点です。

❖総力戦を支えた情報局と新聞の統合

《情報局の設置》

1939年には情報委員会の任務に「国民精神総動員に関する一般事項」がさらに加わり、国民に対する宣伝を活発化させ、それを担うマスコミ・芸能・芸術への統制を進めました。

1940年12月、第2次近衛内閣は、総力戦態勢を整備するため「挙国的世論の形成」を図る目的で情報局を成立させました。当初は内閣情報部に、外務省・内務省・逓信省・陸軍省・海軍省の情報・報道関係部門を統合させ情報収集・統制・発信の一元化をめざしました。

その目的は、「挙国的世論の形成」とされました。情報局は、内閣情報部と外務省情報部、陸軍省情報部、海軍省軍事普及部、内務省警保局検閲課、逓信省電務局電務課、以上の各省・各部課に分属されていた情報事務を統一化することを目指して設置された日本の内閣直属の情報機関でした。

奥村喜和男は、1941年には東条内閣の情報局次長（総裁は谷正之）に任ぜられ、戦時体制下における言論統制の確立に努めました。*59

しかし、陸軍と海軍は、大本営陸軍部・海軍部に報道部を設置したほか、陸軍省には報道部、海軍省には軍事普及部を設置するなど、情報局への協力姿勢や権限移譲の意志はありませんでした。その結果、情報局は内務省警保局検閲課（旧図書課）の職員が大半を占め、検閲の実務を遂行していました。局舎は接収した帝国劇場が充てられました。

１９４５年４月に陸軍省・海軍省・外務省・大東亜省の報道対策・対外宣伝部門が情報局管轄下に入ります。この内、重要な部署である情報収集と調査を担当する第一部（企画）には海軍少将が、報道に関する全ての実権を握る第二部（報道）には陸軍少将がそれぞれ配属されましたが、軍部は情報局を通さずに、大本営陸軍部・海軍部の報道部などを活用していたため、情報局は実質的に内務省の出先機関となっていました。降伏の３カ月後、情報局は１９４５年末に廃止されました。

このような報道の統制は、戦争を進める上では成功したといえるでしょうが、真に事実と道理にあった外交を進めるための正確な事実の提供と多様な意見の流布を不可能とし、結局、究極の国益を害することとなりました。このことの反省はいくら反省してもしすぎることはないでしょう。

《戦前における新聞統合の歴史》

戦前における言論統制における雑誌統制の過程は、横浜事件の真相究明の過程を通じて、『日本ファシズムの言論弾圧抄史』という本でかなり明らかにされています。*60 この本を見ると、軍人を主力とする内閣情報局が、雑誌の検閲の枠を大きく超えて、雑誌の特集の組み方などの編集方針にまで介入・指図していたことがわかります。

言論統制の要は新聞対策でした。1938年に制定された「国家総動員法」の消費制限品目に「洋紙」（新聞用紙）が含まれていました。新聞紙の配給を通じて新聞を統制することが計画されます。1940年には内閣の下に「新聞雑誌用紙統制委員会」が設置されました。

前述した情報局の下に、1941年には日本新聞連盟が発足しました。新聞連盟の中に新聞統合のための計画を立案するための小委員会が設置され、1941年11月、小委員会は太平洋戦争の開戦直前の時期に全国の新聞社を1つに統合した「新聞共同會社」案を提示しました。この案を推し進めたのが、前に述べた奥村貴和男でした。1941年11月28日、東条内閣は「新聞ノ戦時体制下ニ関スル件」を閣議で決定してこれを進めました。[*61] しかし、朝日新聞緒方竹虎、毎日新聞山田潤二（専務）、読売新聞正力松太郎（社長）らが一致協力して反対し、情報局から示された一社案を拒否しました。1941年12月には新聞事業令が交付され、1942年1月には新聞社に対して統制団体参加命令が出されました。1942年2月には日本新聞會が発足しました。情報局第四部第一課長から「一県一紙」が指示され、1942年12月には新聞統合が完成します。一社案は否定されたものの、新聞は政府公報の色彩を強めることとなります。

戦前においては、新聞に対する検閲などの制度もあり、もともと言論の自由は制限されていましたが、一定の自由は留保されていました。しかし、新聞自らが、国益のために政府にとって不利益なことは書かないという選択をしてしまっていたことも前に述べました。そして、太平洋戦争の開戦前後になると、文字どおり、新聞統合という名の新聞の御用機関化がなりふりかまわず進められたことがわかります。このような作業が新聞用紙の配給という新聞印刷の死命を制する物的基盤を統制することによって遂行されたことは極めて興味深いことです。

このような報道の一元化により、国民の批判精神が失われ、外国への敵意をあおり立てるような報道が国民を日米開戦に拍手するような心理へと駆り立てていったといえるでしょう。

〈コラム⑤〉「ポスト・トゥルース」と戦争

小川 隆太郎

世界最大の英語辞典であるオックスフォード英語辞典が選んだ2016年を象徴する「ワード・オブ・ザ・イヤー」は、「ポスト・トゥルース（post-truth）」であった。その意味は、「世論形成において、客観的事実（objective facts）よりも、感情や個人的信念（emotion and personal belief）が強い影響力を有する状況」と辞書で説明されている。ここでの「ポスト」は「重要ではない」という意味だそうだ。日本語では「真実無視（軽視）社会」とでもいうべきか。用例として、「このポスト・トゥルース時代においては、自分の気に入ったデータだけ用いれば、自分の望む結論を導くことは容易なことだ。それがどんな結論だとしても。」といった文章が紹介されている。

この言葉が「ワード・オブ・ザ・イヤー」に選ばれた背景には、この年の6月にイギリスが国民投票によりEU離脱を決定したことと、11月にアメリカでトランプ大統領が選出されたことの二大ニュースがある。マスメディアで報じられていた大方の予想を覆した結果となったこれらのニュースを解説する際に「ポスト・トゥルース」という言葉が多用された。

この「ポスト・トゥルース」という現象が存在したことは事実だろう。たとえば、EU離脱の問題で離脱派は、移民・難民問題を主たる離脱理由として訴えた。しかし、2014年時点のデータでは、イギリスに住む外国人（外国籍保有者）は全人口の約8％で、EU全体の平均値と比べて特に多いわけではない。難民認定者数も2〜3万人程度でEU諸国と比べて突出して多いわけでもない（それでも日本と比べれば圧倒的に多いが。なお、日本の2016年の難民認定数は、申請者1万901人に対してわずか28人）。移民・難民が雇用や社会保障に及ぼす影響などたかが知れているのである。イギリスの国民投票は、こうした客観的事実よりも、移民や難民に対するネガティブな感情が優先され世論が形成された結果だと分析することができる。アメリカ大統領選でも、フェイスブックやツイッターなどを通じて流されたトランプ氏に好意的なフェイクニュース（偽ニュース）により、ラストベルト（アメリカの中西部地域及び大西洋中部地域）の経済的に没落した重工業・製造業分野の労働者層の外国製品や移民に対するネガティブな感情が煽られ、世論を動かしたと分析される。

だが、このような「ポスト・トゥルース」という状況は2016年に世界で初めて生じたのだろうか。本書の第4章を読まれた方は、柳条湖事件から満州事変へ突入し、盧溝橋事件から日中全面戦争へ突入し、真珠湾攻撃からアジア太平洋戦争へと突入した当時の状況が、「ポスト・トゥルース」という言葉と重なったのではないかと思う。現代の若者からすれば、短期決戦に持ち込む見込みがあったわけでもないのに、なぜ日本が自国に比べて何倍もの国力を有する中国やアメリカに対して無茶な全面戦争を仕掛けたのかを理解することは困難である。その不可解さは、日本人から見た2016年のイギリスの国民投票やアメリカ大統領選に対するそれと似ている。しかし、それは当時の客観的な情勢が明らかになっている現代だからこそできる議論なのだろう。当時の日本人の認識では、柳条湖事件も盧溝橋事件も真珠湾攻撃も相手側に原因があり、「満蒙《まんもう》は日本の生命線」なのであり、リットン調査団報告書は「錯覚」「誇大妄想」で、アジア太平洋戦争は「自存自衛」「大東亜解放」のためであった。刷り込まれた愛国心や「八紘一宇《はっこういちう》」などの世界観・歴史観から、世界が客観的事実とは全く違った形に見えていたに違いない。古今東西において、戦争が始まるとき、そこには「ポスト・トゥルース」という状況があったのではないか。

もちろん、当時の日本では言論統制がなされていたのであり、現代のイギリス・アメリカのように曲がりなりにも言論の自由が保障された状況とは異なる。しかし、当時の日本も客観的事実が無視・軽視され、あるいは伝えられなくなり、世論形成において、客観的事実よりも、感情や個人的信念（愛国心、八紘一宇等）が強い影響力を有する状況であったという点では、現代のイギリス・アメリカに類似していたと考える。

私たちが英米の二大ニュースから学ぶべきことは、言論統制がなされていなくとも、たとえ現代のように様々な情報伝達手段が発達していたとしても、戦前戦中と同じような、真実に背を向けた状況は作られうるということだ。大きな戦争へと向かう危険の高い、この世界的潮流を意識し、日本が同様の状況にないかどうかを警戒するべきだ。

「秘密保護法」によるジャーナリストの萎縮、原発事故報道（朝日新聞吉田調書報道）にかこつけた調査報道つぶし、国谷《くにや》裕子・古舘伊知郎《ふるだちいちろう》・岸井成格《しげただ》らニュースキャスターの一斉降板、高市早苗総務相の電波停止発言。これらは真実に背を向けた状況を作る流れに見える。戦争へと突き進んだ戦前戦中の日本は、過去のことだと言えるだろうか。戦争をしないためには、まず真実が尊重され、市民が真実と向き合うことのできる社会であらねばならない。

第5章

隣組から全面盗聴へ——監視社会の本質

❖戦前の特高警察・密告・隣組制度

《特高警察は「治安維持法」とスパイ対策・軍事秘密保護を二本柱で活動した》

特高警察には「治安維持法」を運用した政治警察という印象が強くあります。もちろん、それは事実ですが、**特高警察のもう一つの重大な任務は防諜、すなわち、スパイの取り締まりであり、「軍機保護法」、「国防保安法」の運用・取り締まりでした。特高警察によるスパイの取り締まりを口実とした監視と密告の奨励によって、物言えぬ社会が現実のものとなってしまったのです。**

《隣組制度》

(1) 西村精一「五人組制度新論」

戦前の戦争体制の根幹は市民の戦時国策への動員と相互監視体制の確立でした。戦時下においてその体制を根幹から支えたのが、隣組制度でした。

隣組制度の淵源は江戸時代の五人組制度であるとされます。戦前期に、この五人組制度の復興が叫ばれるようになります。昭和13年（1938年）3月に西村精一著『五人組制度新論』という本が岩波書店から刊行されています。その序文は和辻哲郎が書いています。この本によれば、隣組の復興ということが数年来叫ばれるようになってきていると報告されています（5頁）。そして、「日支事変の進展につれて、農山村強化の必要が痛切に感じられる秋」この本を出版するとされています。この本の著者は、京都大学経済学部、文学部で倫理学を専攻し、大学院で教育学を専攻し、滋賀県庁で働いていたとされます。

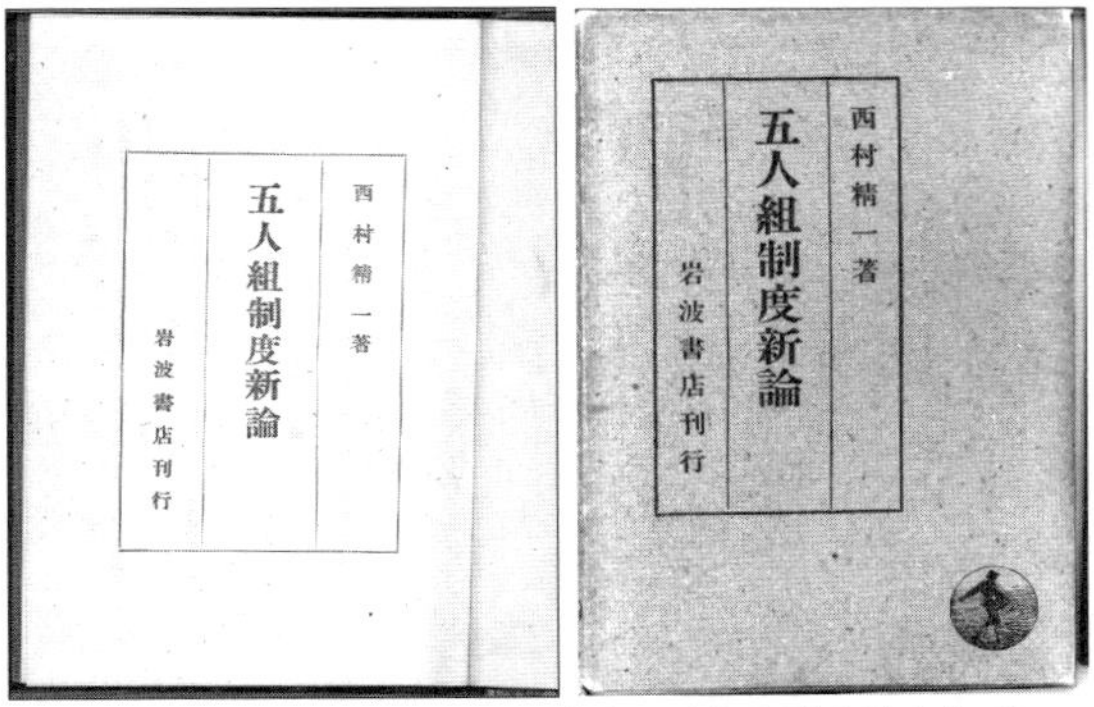

西村精一著『五人組制度新論』（故角尾隆信弁護士蔵書より）

西村氏は、新五人組の制度化を唱え、その着眼点として、「公共義務の連帯責任化」「多数有能者の活用」「上意下達、下意上達」「産業経済上における相互扶助精神の徹底」「産業と経済の振興」「社会事業の徹底（貧困の除去）」「家族制度精神の維持」「道徳教化」と説明されています。

もともと自然発生的な隣組は地域住民組織として成立していたものです。しかし、そのほとんどは休眠状態で、活発な活動はごく一部に限られていました。しかし昭和14年秋には六大都市では隣組が成立していたと報告されています。

（2）国民歌謡「隣組」

昭和15年6月には「隣組」が国民歌謡としてラジオで放送され、その曲調は明るく元気がよいので大いに流行しました。「隣組」は岡本一平作詞、飯田信夫作曲で、バリトン歌手・徳山たまきの愛らしい歌い方や軽快なテンポが特徴でした。大政翼賛会が結成された同10月にはレコードが発売されました。隣組の歌詞は次のとおりです。

作詞：岡本一平（著作権消滅）／作曲：飯田信夫

とんとん　とんからりと　隣組／格子を開ければ　顔なじみ／廻して頂戴　回覧板
知らせられたり　知らせたり
とんとん　とんからりと　隣組／あれこれ面倒　味噌醤油／御飯の炊き方　垣根越し
教えられたり　教えたり
とんとん　とんからりと　隣組／地震やかみなり　火事どろぼう／互いに役立つ　用心棒
助けられたり　助けたり
とんとん　とんからりと　隣組／何軒あろうと　一所帯／こころは一つの　屋根の月
纏められたり　纏めたり

作詞の岡本一平は、漫画家で、妻は小説家の岡本かの子、長男は画家・彫刻家の岡本太郎です。**国策をこのように歌謡曲に乗せて広報するというやり方は極めて興味深いものといえます。**

（3）内務省訓令第17号「部落会町内会等整備要領」

昭和15年9月11日、第2次近衛文麿内閣は内務省訓令第17号「部落会町内会等整備要領」を制定し、隣組制度を正式に公的な制度として全国で制度化しました。西村氏の著した前掲書は、この新隣組制度の制度化を推進した内務省のイデオロギー的背景を明らかにしたものといえます。

昭和16年1月から昭和17年1月までの横浜市戸塚区矢部町第6隣組の回報が、横浜市立中央図書館に保管されています。この回報を読み解き、隣組の機能についてまとめたのが、渡邊洋吉著『戦時下の日本人と隣組回報』（2013年、幻冬舎ルネッサンス新書）という新書です。「隣組」の歌では、情

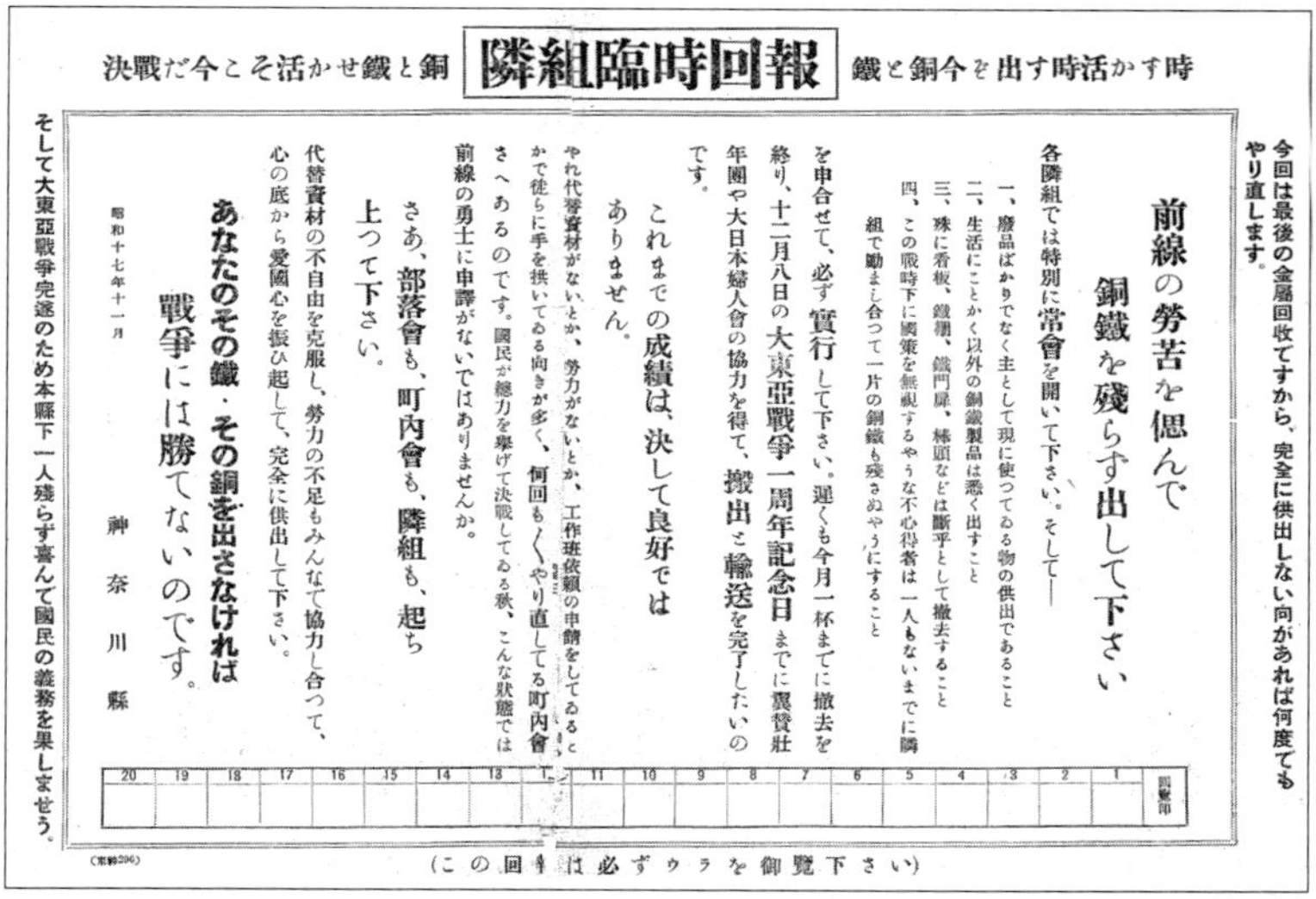
今回は最後の金屬回收てすから、完全に供出しない向があれば何度でもやり直します。

決戰だ今こそ活かせ鐵と銅　隣組臨時回報　鐵と銅今を出す時活かす時

前線の勞苦を偲んで
銅鐵を殘らず出して下さい

各隣組では特別に常會を開いて下さい。そして―

一、廢品ばかりでなく主として現に使つてゐる物の供出であること
二、生活にことかく以外の銅鐵製品は悉く出すこと
三、殊に看板、鐵棚、鐵門扉、棒頭などは斷乎として撤去すること
四、この戰時下に國策を無視するやうな不心得者は一人もないまでに隣組で勵まし合つて一片の銅鐵も殘さぬやうにすること

を申合せて、必ず實行して下さい。遲くも今月一杯までに撤去を終り、十二月八日の大東亞戰爭一周年記念日までに翼賛壮年團や大日本婦人會の協力を得て、搬出と輸送を完了したいのです。

これまでの成績は、決して良好ではありません。

やれ代替資材がないとか、勞力がないとか、工作班依賴の申請をしてゐるとかで徒らに手を拱いてゐる向きが多く、何回もくやり直してる町内會さへあるのです。國民が總力を擧げて決戰してゐる秋、こんな狀態では前線の勇士に申譯がないではありませんか。

さあ、部落會も、町内會も、隣組も、起ち上つて下さい。

代替資材の不自由を克服し、勞力の不足もみんなで協力し合つて、心の底から愛國心を振ひ起して、完全に供出して下さい。

あなたのその鐵・その銅を出さなければ
戰爭には勝てないのです。

昭和十七年十一月　神奈川縣

回覧印	1	2	3	4	5	6	7	8	9	10	11	12	13	14	15	16	17	18	19	20

そして大東亞戰爭完遂のため本縣下一人殘らず喜んで國民の義務を果しませう。

（この回報は必ずウラを御覧下さい）

（家務296）

「隣組回報」（横浜市立図書館所蔵）

報周知と助け合いが強調されていますが、この本において、昭和16年の時点における隣組の機能には次のようなものがあげられています。

・隣組組員のプライバシーの把握
・期限内の完全納税
・所得に応じた貯蓄奨励、債券の購入の奨励（奨励というものの、拒否すると配給停止となった例もある。）
・配給券の配布
・貴金属などの供出の徹底
・人の出入りの監視（防諜対策　1941年5月の防諜週間の徹底の記事が注目される（56頁）。その内容は「軍機保護法」について論じたところで紹介した）
・防空演習（火から逃げずに残って消火活動をせよ）

（4）非協力者の排除

このように隣組の目的は、戦時における国民を管理し、戦争遂行政策に協力させること、さらに非協力的な人間をあぶり出し、コミュニティから排除することにありました。

そして、「回報」は迅速かつ能率的に国民全体に必要事項を徹底させる驚異的なメディアでした。同書によると、回報が10軒の所帯を回るのに、早いときは2時間、遅くても12時間程度で完了していたことが報告されています（前掲書32頁）。

隣組責任者は絶大な権力を持ち、気に入らない隣組員の配給を停止することもできました。

前掲書には、東京本郷区で時局非協力として町内会から除名され、配給券がもらえなくなり、町内会長、隣組長に対して名誉回復等請求事件を提起した例、債券購入積立貯金に加入しなかったものに配給停止をした例、慰問袋代の立て替えを求められて拒否したものに配給停止をした例などが報告されています（前掲書21頁）。

（5）動員・密告・排除のシステム

このように、隣組制度の淵源は江戸時代に求められますが、戦時体制の深まりとともに、1941年に制度的に導入されたものであることが分かります。そして、その機能は、行政の末端において、国策遂行のための広報、さらには国策遂行への動員、そして国策遂行への抵抗者の排除という機能を帯びていたことが分かります。

まさに、隣組とは、動員・密告・排除のシステムを「とんとんとんからり」のリズムに乗せて展開した、近代的な戦争遂行システムだったといえるでしょう。

❖盗聴拡大と包括的デジタル盗聴システム

《「改正通信傍受法」》

現代において、戦前における隣組に匹敵する国民監視のシステムを探すとすれば、マイナンバー制度と盗聴の拡大、GPS監視の拡大でしょう。２０１６年の通常国会で、「刑事訴訟法」改正案が可決されました。この法律によって改正された通信傍受法では、薬物、銃器、集団密航、組織的殺人に限定されていた対象犯罪を、放火、殺人、傷害、逮捕・監禁、誘拐関連、窃盗、強盗、詐欺、恐喝、爆発物、児童ポルノ関連にまで拡大しました（3条）。これまで、通信事業者の立ち会いという物理的な制限が盗聴拡大を事実上食い止めてきましたが、新法では一切の立ち会いなしに、全通信を暗号化して捜査機関に設置された特定装置に電送する方式が導入されました（23条）。記録媒体の封印の手続きも省略されました。また、盗聴の手続きを監視する第三者機関も作られていません。

この改正はこれから実施される段階ですが、通信傍受に要する人的コストは飛躍的に削減され、**盗聴捜査が爆発的に拡大することが危惧されています。**

《スノーデン氏による世界盗聴システムの告発》

（1）はじめに

現代における相互監視制度の根本がデジタル盗聴システムです。スノーデン氏による告発は、アメリカ国家安全保障庁（NSA）によるIT技術を道具とした世界監視システムの具体的なシステムとその能力を明らかにしたものでした。これまでその存在が噂され、皆がそのようなものがあるだろうと考えてきたものでした。NSAのポリシーは、〝Collect it all〟「すべてを収集せよ」というものでした。

（2）yahooもgoogleも情報提供に応じているプリズム

アメリカ国家安全保障庁（NSA）は全世界の無線通信を捕捉できるエシェロンシステムを運用していました。NSAは、インターネット時代に即応し、プリズムと呼ばれるデジタル情報の世界的監視システムを構築していたことがスノーデン氏の告発によって明らかになりました。NSAの契約先の技術者であったエドワード・スノーデン氏は、2013年6月米ワシントンポスト紙と英ガーディアン紙に情報を提供し、NSAがあらたに開発したプリズムというシステムを使って、SNSやクラウド・サービス、あるいはインターネットの接続業者など大手のIT企業9社のサーバーから直接網羅的にデータを収集していたという事実を暴露しました。1カ月でメールは970億件、電話1270億件が収集されていたと報告されています。

この9社とは、Microsoft、米Yahoo、Google、Facebook、AOL、Skype、YouTube、Apple、Paltalkであり、NSAはこれらの会社の保有するサーバーなどに自由にアクセスすることができた、フェイスブックのチャットやグーグルの検索履歴、ヤフーメールなども傍受できたとスノーデン氏は説明しています。

（3）海底ケーブルが根こそぎデータをハッキングするSSO

NSAの傍受システムにはプリズム以外に、次のようなシステムも存在しました。アップストリームによる傍受すなわち、光ファイバーケーブルの情報をそのまま収集するというやり方がとられていたことが判明しています。スノーデン氏はこれこそが、今日のスパイ活動の大半であり、核心であると述べています。SSOは、大洋横断通信ケーブルの上陸地点に設備を作り、ケーブルからNSAのデータベースに情報を転送する仕組みとなっています。

日本とアメリカを結んでいる海底ケーブルの陸揚げ地は、アメリカ側はBreckenridge（ブレッケンリッジ）として、その場所は伏せられていますが、日本の接続点は「新丸山」として特定されています。スノーデン氏の単独取材に成功したジャーナリスト、小笠原みどりさんのレポートによると、次のように解説されています。*62

では日本の情報は実際にどこで盗まれているのか？　米紙『ニューヨーク・タイムズ』は昨夏、『FAIRVIEW』の構築には大手通信会社AT&Tが、『STORMBREW（ストームブリュー）』にはやはり大手のベライゾンが、積極的に手助けしたと報じた。このうちSTORMBREWの侵入地点は米両沿岸に七つあることが、スノーデンの持ち出した最高機密文書で明らかになっている。しかしNSAが「チョーク（窒息）ポイント」と呼ぶ、これらの地点にはすべてコード名が付され、実際の場所や提携会社名は明かされていない。が、この記事の根拠となった文書の一枚に、米国とアジア太平洋地域を結ぶ国際海底ケーブルのひとつ「トランス・パシフィック・エクスプレス」が、STORMBREWのルートとして登場する。この光ファイバー・ケーブルはベライゾンのほか、中国、台湾、韓国の5社が06年に共同建設に合意。08年春にAT&Tと日本のNTTコミュニケーションズも参加して、同年秋に完成した。各国のケーブル上陸地点に陸揚げ局があり、NTTは千葉県南房総市に新丸山局を設置。米側はケーブルがオレゴン州北部のネドンナ・ビーチに上陸、内陸側のヒルズボロにベライゾンが陸揚げ局を置いたことが判明した。これが窒息ポイント「BRECKENRIDGE（ブレッケンリッジ）」と位置的に重なる。つまりアジア地域から入る膨大なインターネット、電話情報の一部が、オレゴンでNSAに押さえられているらしいことがわかった。同記事は、11年の東日本大震災で海底ケーブルが損傷し、FAIRVIEWの情報収集が約5カ月滞ったが復旧した、と告げる文書も公表。

このように、複数の通信会社と提携した複数の地点で、日本発と日本着の通信（電話やメールなどの内容）のほとんどはNSAによって収集され、アメリカの情報機関によって分析されていると考えられるのです。

《日本とNSA盗聴》

NSAと包括的な協力関係を結んでいた国はオーストラリア、カナダ、ニュージーランド、イギリスです。これらの国々は「ファイブアイズ」と呼ばれています。

これに対して、限定的協力国は20ヶ国で、日本はこちらに分類されています。20カ国はグレン・グリーンウォルド『暴露　スノーデンが私に託したファイル』（2014、新潮社）の189頁に掲載されています。

このシステムのもとで、ドイツのメルケル首相やフランス、ブラジルなどの大統領の通信も傍受されていたことが明らかになっています。他方で、日本の首相の通信・通話が傍受されていたかどうかは、日本政府からアメリカ政府への質問すらなされておらず、何も明らかにされていません。「秘密保護法」の制定によって、日本の情報機関は包括協力関係への移行をアメリカに求めている可能性があります。日本のNSCが、アメリカ・イギリスの公安当局との間で大手IT企業のサーバーやSSOによって得られた情報へのアクセス権を求めている可能性があるのです。しかし、この点に関してはすべてが秘密のベールに覆われ、市民には何もわからないままです。これまでも、公安警察は脱原発の活動などを監視してきました。今後の日本における監視社会についての議論する際にも、NSAによる世界監視システムが存在していることを前提として、日本の情報機関がこのシステムとどのような関係を結んでいたかを究明することを、その議論の前提としなければなりません。

第6章

総力戦を支える総動員体制

❖戦争には総動員体制が必要である

戦争には国の持つ資源のすべてをこれに投ずる**総動員体制**が必要です。戦前の日本において、ファシズム的な立法は、前述した「治安維持法」、「軍機保護法」、「国防保安法」などが有名ですが、**戦時体制の総仕上げの意味合いを持った法律が「国家総動員法」でした。**「国家総動員法」は、1938年に制定されました。**総力戦遂行のため国家のすべての人的・物的資源を政府が統制運用できることを規定した法律となっています。**資源の動員のための統制が基本ですが、労働争議の制限や新聞や出版の制限まで含む、戦争遂行のための総合的な法律でした。また、この法律は、施行の詳細はすべて勅令に委任されており、その立法形式はこのあと説明する「ナチス授権法」に倣ったとも言われます。

1927年に設置された内閣資源局は、戦争に備え資源の統制・運用を準備する機関でした。1929年には、総動員計画設定処務要項が閣議決定されます。1935年には、内閣調査会、1936年には情報委員会が設置されます。1937年には、企画庁と内閣資源局が統合され、企画院が発足します。政府機関に治安維持法が適用された企画院事件の舞台となった、あの企画院です。この企画院こそが、電力国家管理・国家総動員政策などの総合的な国策を企画する官庁だったのです。

国家総動員法は、企画院を中心とする軍官僚・経済官僚グループによって、1937年の盧溝橋事件を契機に日中戦争が長期化する中で、総動員体制を確立するための基本法として準備されました。この法案に対して、経済界や政友会・民政党などの政党は「勅令への委任範囲が広すぎて違憲の疑いが強い」「内容が社会主義的だ」などとして反対していました。これを積極的に支持したのは社会大衆党と近衛首相を支持するグループです。しかし、最終的には近衛首相の議会解散と新党結成の脅しの前に政党も賛成に転じ、1938年3月には法案が可決成立します。この経過の中で、陸軍省軍務局軍務課国内班長佐藤賢了陸軍中佐が国会議員に対して「黙れ」と怒鳴りつける「黙れ」事件が発生しています。小川郷太郎委員長が本会議で審議経過報告を行っていますが、近衛首相の発言を引用し、この法案はナチスのような授権立法や独裁主義のイデオロギーによるものではないと説明されていることが注目されます。また、国会審議では、法の適用の要件である「戦争に準ずべき事変」が、進行中の支那事変（日中戦争）に適用されるのではないかという点が問題となりました。政府は「適用しない」と明確に答弁しましたが、法案が成立すると手のひらを返したように適用がされました。**政府の議会軽視と公然たる虚偽答弁がまかり通るようになっていた点は、今の安倍政権下の国会によく似ています。**

成立した法案は、次の6つの広範な分野を規律するものでした。

①労働問題一般……国民の産業への徴用、総動員業務への服務協力、雇用・解雇・賃金等の労働条件、労働争議の予防あるいは解消
②物資統制……物資の生産、配給、使用、消費、所持、移動
③金融・資本統制……会社の合併・分割、資本政策一般（増減資・配当）、社債募集、企業経理、金融機関の余資運用
④カルテル……協定の締結、産業団体・同業組合の結成、組合への強制加入
⑤価格一般……商品価格、運賃、賃貸料、保険料率

⑥言論出版……新聞・出版物の掲載制限

物資動員計画では、重要物資は軍需、官需、輸出需要、民需に区別されましたが、軍需が優先され、民需は最低限まで切り詰められました。例えば、鉄鋼、銅、亜鉛、鉛、ゴム、羊毛などの民需使用は禁止されたのです。

❖自民党改憲案における緊急事態条項

《非常事態宣言》

安倍政権は、「秘密保護法」、安全保障法制（「戦争法」）に続いて、次は「共謀罪」、そしてその次は明文改憲へと突き進もうとしています。**そして最初のターゲットのひとつとされているのが、緊急事態条項です。**

これは、民主主義の抹殺につながりかねない劇薬であり、「お試し改憲」などと言う生やさしいものではありません。自民党改憲案を見てみましょう。

「第98条（緊急事態の宣言）

1　内閣総理大臣は、我が国に対する外部からの武力攻撃、内乱等による社会秩序の混乱、地震等による大規模な自然災害その他の法律で定める緊急事態において、特に必要があると認めるときは、法律の定めるところにより、閣議にかけて、緊急事態の宣言を発することができる。

2　緊急事態の宣言は、法律の定めるところにより、事前又は事後に国会の承認を得なければならない。（以下略）」

「第99条（緊急事態の宣言の効果）
1　緊急事態の宣言が発せられたときは、法律の定めるところにより、内閣は法律と同一の効力を有する政令を制定することができるほか、内閣総理大臣は財政上必要な支出その他の処分を行い、地方自治体の長に対して必要な指示をすることができる。
2　前項の政令の制定及び処分については、法律の定めるところにより、事後に国会の承認を得なければならない。
3　緊急事態の宣言が発せられた場合には、何人も、法律の定めるところにより、当該宣言に係る事態において国民の生命、身体及び財産を守るために行われる措置に関して発せられる国その他公の機関の指示に従わなければならない。この場合においても、第十四条、第十八条、第十九条、第二十一条その他の基本的人権に関する規定は、最大限に尊重されなければならない。
4　緊急事態の宣言が発せられた場合においては、法律の定めるところにより、その宣言が効力を有する期間、衆議院は解散されないものとし、両議院の議員の任期及びその選挙期日の特例を設けることができる。」
としています。

《なぜ、日本国憲法には参院の緊急集会以外に緊急事態条項がないのか》

日本国憲法には、衆議院の解散中で国会が開催できない時に緊急事態が生じたときの「参院緊急集会」に関する憲法54条の規定以外に緊急事態に関する条項はありません。

このことをどのように解釈するか、憲法学者の意見は分かれていますが、もっとも素直な考え方は、戦前のファシズムの反省に立って、緊急事態条項を置かないという選択をしたものと考えられます。憲法を制定した第90帝国議会の討議[*63]（１９４６年）では、大日本帝国憲法31条を引いて、緊急時に国民の人権を停止する制度が必要ではないかという議員の質問に対して、国務大臣金森徳次郎が次のように答弁しています。

「今御示しになりましたような場合を予想することは可能であると思うのであります。現行憲法に於きましても、非常大権の規定が存在して居ったことは今御示しになった通りであります。併しながら民主政治を徹底させて国民の権利を十分擁護致します為には、左様な場合の政府一存に於て行います る処置は、極力之を防止しなければならぬのであります。言葉を非常と云うことに藉りて、其の大いなる途を残して置きますなら、どんなに精緻なる憲法を定めましても、口実を其処に入れて又破壊せられる虞絶無とは断言し難いと思います。随って此の憲法は左様な非常なる特例を以って――謂わば行政権の自由判断の余地をできるだけ少くするように考へた訳であります。随って特殊の必要が起りますれば、臨時議会を召集して之に応ずる処置をする、又衆議院が解散後であって処置の出来ない時は、参議院の緊急集会を促して暫定の処置をする、同時に他の一面に於いて、実際の特殊な場合に応ずる具体的な必要な規定は、平素から濫用の虞なき姿に於いて準備するように規定を完備して置くことが適当であろうと思う訳であります。現行憲法に於きまして、二段にも三段にも斯様な非常な場合に応ずる用意があって、謂わば極めて用意周到ではあったのでありますが、実際左様の手段が明白に用いられた場合はなかったように思って居ります。でありますから余りにも苦労し過ぎるよりも寧ろ自由保障の安全を期した訳であります」
（衆憲資第８７号「『緊急事態』に関する資料」平成２５年5月　衆議院憲法審査会事務局　14頁。原文のカタカナ表記をひらがなに改めた）

まさに、戦前の反省を踏まえ、「行政権の自由判断の余地をできるだけ少なくするように考えた」というのです。**緊急事態条項にもとづく法律に代わる政令は、最後は国民総動員、国民総監視、徴兵制、反戦運動の非合法化、報道機関の事前検閲・国家統制まで突き進む危険性があります。歴史的に存在した戒厳令、戦時体制の多くが戦争に反対する・協力しない個人・団体に対して致命的な人権侵害を引き起こしてきました。**日本やドイツ、イタリアのファシズムの歴史はこのことを冷厳な歴史的事実として教えてくれます。**緊急事態条項は、営々として築き上げられてきた人権保障のシステムや人権のスタンダードを一気に無効化してしまう魔力を持っているのです。このことを反省して作られた緊急事態条項をもたない憲法を、易々と変えることは許されないと私は考えます。**

❖「ナチス授権法」

《ナチスの「授権法」とは》
「内閣限りで法律と同じ効力をもつ政令ができることになってしまえば国会の死である」（２０１５年1月19日　参議院予算委員会）と批判した福島みずほ参議院議員に対して、安倍首相は「限度を超えた批判」だと反論しました。しかし、この条項はどこからみてもナチスの「授権法」とそっくりです。ナチスの「授権法」は、「ドイツ国の法律は、憲法に規定されている手続き以外に、ドイツ政府によっても制定されうる。」「ドイツ政府によって制定された法律は、……憲法に違反することができる。」というものでした。

ポイントは、国会に諮《はか》らないで、官僚だけで決めたものが、国会で決めた法律と同等の効力があるとされる法令である点と、憲法によって定められた基本的人権の規定を無効化できるところであり、両者はよく似ています。「授権法」はワイマール憲法の改正手続きを踏んでいましたが、近代的な立憲主義を公然と否定した独裁立法であり、謀略と弾圧によって制定され、ナチスの人権侵害の根本をなしたものです。

《ナチスの権力掌握》

ヒトラーは1933年1月首相になりました。しかし、この段階では国会の多数は構成できていません。ヒトラーは国会を解散し、4年間の政権委任を訴える選挙キャンペーンを行い、この選挙中の2月27日にドイツ国会議事堂放火事件が発生しました。この事件の真相は今も明確ではありません。ヒトラーはこれを共産主義者によるものと決めつけ、当時のヒンデンブルク大統領に要請し、共産主義暴動の発生に対応するためとして、「民族と国家防衛のための緊急令」などを布告させました。ヒトラーはこの大統領令に基づいて、国会議員を含む多数の共産党員・社会民主党員を逮捕・予防拘禁しました。このような異常な選挙の結果、ナチスは288議席、連立を組む国家人民党は52議席を得て、議会の過半数を獲得したのです。社民党は120、共産党は81議席を得ましたが、ヒトラーは共産党と社民党の議員がほとんど出席できない状態で、ポツダムにおいて3月21日議会を開き、「民族および国家の危難を除去するための法律案」（「全権委任法」・「授権法」）を国家人民党と共同で提出しました。

《「授権法」の全文とその審議》

この法律は全5条からなる簡単なもので、そのポイントは議会から立法権を政府に移譲するというものでした。

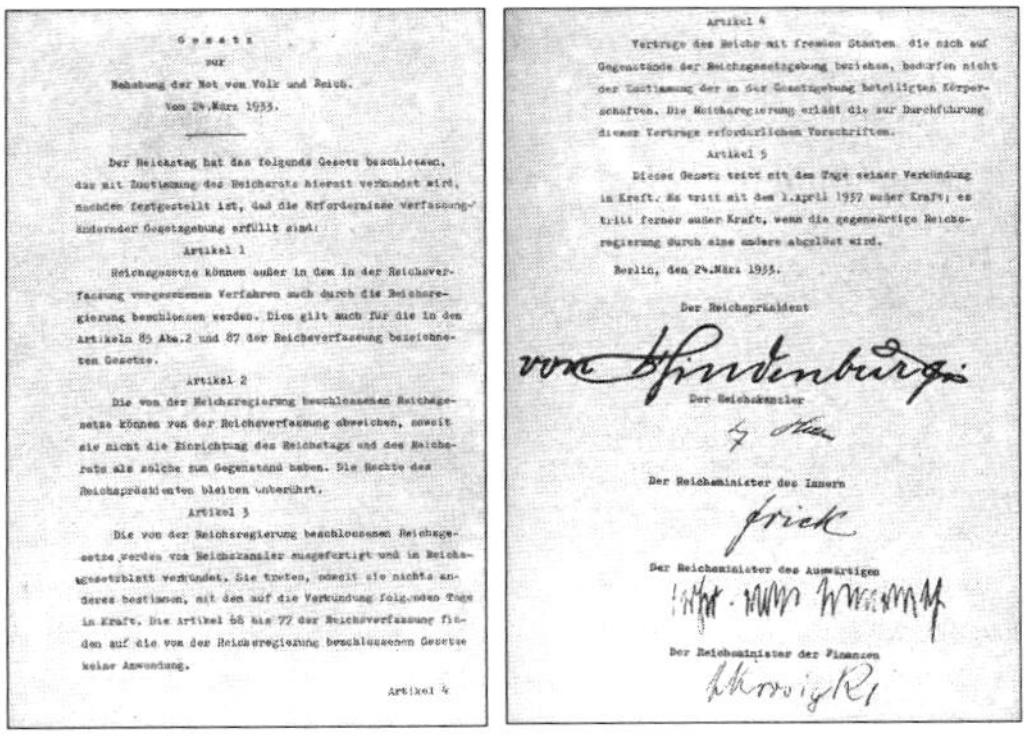

Gesetz
zur
Behebung der Not von Volk und Reich.
Vom 24.März 1933.

Der Reichstag hat das folgende Gesetz beschlossen, das mit Zustimmung des Reichsrats hiermit verkündet wird, nachdem festgestellt ist, daß die Erfordernisse verfassungändernder Gesetzgebung erfüllt sind:

Artikel 1

Reichsgesetze können außer in dem in der Reichsverfassung vorgesehenen Verfahren auch durch die Reichsregierung beschlossen werden. Dies gilt auch für die in den Artikeln 85 Abs.2 und 87 der Reichsverfassung bezeichneten Gesetze.

Artikel 2

Die von der Reichsregierung beschlossenen Reichsgesetze können von der Reichsverfassung abweichen, soweit sie nicht die Einrichtung des Reichstags und des Reichsrats als solche zum Gegenstand haben. Die Rechte des Reichspräsidenten bleiben unberührt.

Artikel 3

Die von der Reichsregierung beschlossenen Reichsgesetze werden vom Reichskanzler ausgefertigt und im Reichsgesetzblatt verkündet. Sie treten, soweit sie nichts anderes bestimmen, mit dem auf die Verkündung folgenden Tage in Kraft. Die Artikel 68 bis 77 der Reichsverfassung finden auf die von der Reichsregierung beschlossenen Gesetze keine Anwendung.

Artikel 4

Verträge des Reichs mit fremden Staaten, die sich auf Gegenstände der Reichsgesetzgebung beziehen, bedürfen nicht der Zustimmung der an der Gesetzgebung beteiligten Körperschaften. Die Reichsregierung erläßt die zur Durchführung dieser Verträge erforderlichen Vorschriften.

Artikel 5

Dieses Gesetz tritt mit dem Tage seiner Verkündung in Kraft. Es tritt mit dem 1.April 1937 außer Kraft; es tritt ferner außer Kraft, wenn die gegenwärtige Reichsregierung durch eine andere abgelöst wird.

Berlin, den 24.März 1933.

Der Reichspräsident

Der Reichskanzler

Der Reichsminister des Innern

Der Reichsminister des Auswärtigen

Der Reichsminister der Finanzen

全権委任法

「授権法」全文

「前文：国会（ライヒスターク）は以下の法律を議決し憲法変更的立法の必要の満たされたのを確認した後、第二院の同意を得てここにこれを公布す。

1．ドイツ国の法律は、憲法に規定されている手続き以外に、ドイツ政府によっても制定されうる。本条は、憲法85条第2項および第87条に対しても適用される。

2．ドイツ政府によって制定された法律は、国会および第二院の制度そのものにかかわるものでない限り、憲法に違反することができる。ただし、大統領の権限はなんら変わることはない。

3．ドイツ政府によって定められた法律は、首相によって作成され、官報を通じて公布される。特殊な規定がない限り、公布の翌日からその効力を有する。憲法68条から第77条は、政府によって制定された法律の適用を受けない。
4．ドイツ国と外国との条約も、本法の有効期間においては、立法に関わる諸機関の合意を必要としない。政府はこうした条約の履行に必要な法律を発布する。
5．本法は公布の日を以て発効する。本法は1937年4月1日と現政府が他の政府に交代した場合、いずれか早い方の日に失効する。」

中央党はこれに賛成しました。議会に出席できたドイツ社民党のオットー・ヴェルス党首は唯一の反対演説を行いました。共産党の議員は出席できなかったのです。その演説は次のような内容です。

授権法が採択された国会

「暴力による平和からは、いかなる繁栄も生まれない。真の民族共同体というものはそうしたものに基礎を置くことはできない。その第一の前提は平等の権利である。自由と生命を奪いとることはできても、名誉はそうはいかない（Freiheit und Leben kann man uns nehmen, die Ehre nicht.）。社会民主党が最近被った迫害にてらして言えば授権法への賛成を我々に要求したり期待することなど誰にも出来ないはずである。3月5日の選挙の結果、政府与党は多数を獲得し、憲法の文言と目的に忠実に統治することが可能になったのではないか。こうした可能性が存するところでは、そうする義務も存在する。およそ批判とは有益なものであり、必要でもある。ドイツに国会が生まれて以来、民族の代表者が政治に関与し参画することが今日のように排除されたことはいまだかつてなかったことである。新たな授権法が成立すれば、こうした状況がさらに加速されるであろう。革命の続行のために国会を真先になくしてしまうこと、それが君達の要求なのだ。しかし、現に存在するものを破壊することが革命ではない。法というヴェールをかけたとしても、暴力による政治という現実を覆い隠すことは不可能である。いかなる授権法も永遠かつ不変の理念を抹殺することはできない。社会主義者鎮圧法が社会民主主義を抹殺しえなかったように、新たな迫害の中からドイツ社会民主党は新たな力を汲み取るであろう[*64]」

この法律は、形式的にはワイマール憲法の改正手続を践んではいましたが、近代的な立憲主義を公然と否定した独裁立法であり、謀略と弾圧によって実現されたといえるでしょう。

《「授権法」はドイツの敗戦まで効力が存続した》

「授権法」は全文に示したとおり、1937年4月1日が期限とされていました。当初政府省庁は「ライヒ立法に関する法律」を制定し、指導者兼首相に立法権が存在するということを明文化しようとしました。ヒトラーは当初この案に賛成していましたが、「心理学的理由」からこの立法を拒否し、「授権法」を延長することとしました。1939年にも同様の措置がとられました。1943年には『政府立法に関する指導者命令』が発せられました。これによって、「授権法」に基づく政府の権限は引き続き行使できることとなりました。この命令には「国会がこの措置を批准することを留保する」という文言が存在しましたが、国会はこれ以降開かれず、批准措置がとられることはありませんでした。[65]

1945年9月20日、ドイツを占領していた連合国管理理事会は「ナチス法の廃止に関する管理理事会法第1法律」を発し、他のナチス政権下に成立した複数の法律とともに、「授権法」と関連する法令の廃止を宣言しました。結局、ドイツの敗戦まで、「授権法」体制は続き、国会の立法権は復活できなかったのです。

❖大日本帝国憲法のもとにおける国家緊急権規定

大日本帝国憲法には、天皇が国家緊急権を行使する規定が存在しました。緊急勅令制定権（8条）、戒厳状態を布告する戒厳大権（14条）、非常大権（31条）、緊急財政措置権（70条）などが定められていました。現在出されている**自民党改憲案は、戒厳制度と緊急政令制定権を併せたもので、大日本帝国憲法によく似ています。**

この制度に基づいて制定された有名な法律に、第2章で取り上げた、1928年の「治安維持法」改正案があります。適用範囲を「目的遂行」行為にまで拡大し、罰則を死刑にまで引き上げ、「治安維持法」が猛威をふるうこととなった改正は緊急勅令で作られたのです。そして、戦時体制の総仕上げの意味合いを持った法律が「国家総動員法」でした。そして、総動員法の具体的な内容を決める勅令は通常の勅令であり、緊急勅令のように、議会の事後承認すら必要がないものとされたのです。

❖憲法に緊急権条項は必要ない

《戦時は常態化し、永続化する危険が高い》

現代の戦争の性格からして、戦争には終わりがなく、泥沼化する傾向がはっきりとしてきています。冷戦後の国際紛争の変化によって、古典的な国と国が宣戦布告をして戦争をするというパターンが崩れてきているのです。民族的・宗教的な少数派とテロリストを明確に区別することは困難であり、戦争が誰と誰の間で行われているのかもあいまいになってきています。

9・11後にアメリカの起こした反テロ戦争は、イラクのフセイン政権を対象としたイラク戦争をのぞいて、**特定の国家を対象としておらず、テロリスト集団を対象としているため、国際法的にこれを終わらせる適切な外交手段が見あたりません。**ドローン攻撃は、攻撃対象だけでなく周囲の市民を巻き込むことが避けられません。家族を殺害された者は、攻撃者を恨み、あらたなテロリスト予備軍を作り出すことは避けられません。テロの根源はなくならず、世界全体が終わりのない戦争状態に突入していっているようにみえます。**戦時は長期化し、緊急事態は永続化する可能性があるのです。**

《緊急権規定は濫用されてきた》

安倍首相は、緊急権規定は多くの国の憲法にもあると主張します。憲法に緊急権規定がある国も、ない国もあります。英米法においては憲法自体に緊急権の規定はなく、コモン・ローや個別立法によって緊急事態が取り扱われてきました。

他方で、大陸法のフランス、ドイツでは、フランス共和国憲法（第二、第四、第五共和制）、ドイツ帝国憲法、ヴァイマル憲法、ドイツ連邦共和国基本法に国家緊急権の規定が存在するのは事実です。

しかし、**緊急権規定はこれまでも濫用されてきた**ことを指摘しなければなりません。まず、ドイツのワイマール憲法48条の大統領非常権限は、14年間に250回も濫用され、それが議会の弱体化を招き、「授権法」を生み出し、立憲主義の死につながったのです。水島朝穂教授は、156回参議院憲法審査会において、ワイマール憲法の失敗から、「ドイツ基本法は、当初、緊急事態に関する規定を一切持たず、1968年改正で包括的な緊急事態規定が導入された際にも、その濫用を制限する安全装置がビルトインされた。ドイツ基本法の緊急事態条項には次の三つの安全装置が組み込まれている。（1）緊急事態の認定権をぎりぎりまで議会に留保する、（2）防衛事態等に際して市民に義務を課す場合に憲法改正に匹敵する連邦議会の投票の3分の2の賛成を必要とする、（3）ゼネストなど対内的緊急事態の概念を除外する（87a条4項の限定化）」と報告しています。

また、フランスでは、アルジェリア危機等を契機として1958年に制定された第五共和国憲法には、緊急事態において大統領に強大な権限を付与する第16条の規定とともに、第36条に合囲状態（l'Etat de siège 要塞が敵に囲まれた状態を意味し、戦争又は国内の武装反乱等に際して、実力により国内の治安又は秩序が乱されるときに、一般行政権（特に警察権）を軍隊に移管し治安を保持する制度のこと）が規定されました。ドゴール大統領は、1961年のアルジェリア危機の際に非常措置権を行使しましたが、内乱の終息後5カ月も非常措置権を解除しませんでした。

このように、**緊急事態条項は濫用される危険性があり、権力の座にあるものに抑制が欠けていると**

きには、立憲主義を崩壊させる劇薬になりえます。

《緊急事態条項を作らない決断から生まれる真剣な平和への努力》

日本国憲法9条は、戦争を放棄しました。戦争を放棄し、緊急事態条項を持たないことによって、日本国憲法は国民が戦争を避け外交的な努力を通じて世界の平和を守ろうと努力することで、国の安全を保とうとする思想に立脚していると考えられます。

小林直樹（東大教授、当時）は、『国家緊急権』（学陽書房、1979年）において、日本国憲法は、「旧体制の絶対主義的性格とミリタリズムの一掃をめざした画期的な平和＝民主憲法であることによって、緊急権制度をあえて置かなかったと考える。」（同書181頁）と解釈しています。このような解釈は、先に引用した憲法制定議会における金森大臣の答弁とも合致します。この**緊急事態条項を持たないという憲法の初心は、憲法9条の平和主義、そして言論表現の自由をはじめとする基本的人権を不可侵のものとして保障した自由主義と一体をなすものです。**

日本は、仏教の信徒が国民の大半を占め、いま世界に広がるキリスト教とイスラム教の間の宗教的な不寛容の高まりに対して、宗教的に中立的な立場に立ち、紛争の解決をリードすることのできる位置にいます。また、G8諸国の中で、中東戦争に従軍したことがなく、イランやアラブ諸国と比較的によい関係を保ってきました。このような外交的なポジションを活かし、寛容と話し合いを呼びかけ、テロの根源を克服し、紛争地域に平和を取り戻し、経済的な復興を支援していくために地道に取り組むことこそが、日本国憲法の考え方であり、世界に戦争とテロのない社会を創り、日本みずからの平和と安全を守る手段であると私は信じます。

第7章

太平洋戦争への道は避けられたか

❖太平洋戦争開始へのプロットとしての三国同盟が締結されなかった可能性があった

この章では、日本が経験した最悪の戦争である太平洋戦争について、この戦争の開始を、なぜ回避できなかったのかを考えてみたいと思います。

１９３９年９月１日、ドイツ軍がポーランドへ侵攻しました。第二次世界大戦の始まりです。直前の８月23日には独ソ不可侵条約が締結されていました。９月３日にイギリス・フランスがドイツに宣戦布告し、９月17日にはソ連軍が東からポーランドへ侵攻しました。

１９４０年７月22日、第二次近衛内閣が発足します。この内閣こそが、日本を日米開戦に導いた元凶です。松岡洋右が外務大臣、東条英機が陸軍大臣、吉田善吾が海軍大臣に就任しました。７月26日の閣議において「国防国家体制の基礎を確立する。大東亜新秩序を建設する」ことを内容とする基本国策要綱が策定されました。松岡外務大臣はフランス政府と交渉し、８月、松岡・アンリ協定が成立し、軍隊の通過などを認めさせました。

三国同盟の締結に吉田海軍大臣は反対していました。しかし、吉田大臣が９月６日に心労で倒れてしまいます。９月19日に大本営政府連絡会議が開かれます。海軍は「締約国は自主的な判断権を留保する」という付属議定書と交換公文を付すという条件で同盟そのものへの反対を引っ込めてしまったのです。

日本政府は１９４０年９月23日に北部仏印に進駐を開始し、フランス軍と激しい戦闘状態に入りました。ドイツ軍の初戦の勝利を見て、日本政府は１９４０年９月27日、日独伊三国同盟を締結します。この同盟の締結こそが、日米の全面戦争の引き金を引いた大きな決断でしたが、当時そのことを自覚していたものは多くはありませんでした。

ドイツ軍は、1940年8月中旬から空軍の総力を挙げてイギリスの本土爆撃を続けました。これが「バトルオブブリテン」と呼ばれる闘いです。当初はドイツが優勢でしたが、9月半ばには英空軍による反撃によって攻撃を停止せざるを得なくなります。このあと、第二次世界大戦の戦況は転換していきます。

日本政府が、三国同盟の締結をあと1カ月遅らせていれば、この戦況の変化を自覚し、敗北必至のドイツ・イタリアとの全面的軍事同盟を回避するという選択肢もあり得たかもしれません。そして、日独伊三国同盟が締結されなければ、太平洋戦争も起きなかった可能性があります。

❖1941年の日本の三つの進路

1941年の日本にとって、対米関係をどのように解決するかが最大の課題となっていました。当時、日本の政府内には「外交交渉」「北進（ソビエト侵攻）」「南進（仏印進駐）」の3つの選択肢がありました。この当時、日米交渉に当たったのが、野村吉三郎駐米大使でした。

野村大使は、産業組合中央金庫理事長の井川忠雄、軍務課長の岩畔豪雄《いわくろひでお》らと連携し、外務省を通さずに、ハル国務長官、カトリック界の有力者であるドラウト神父、ウォルシュ司教との間で日米交渉を煮詰めていきました。

他方、1941年4月13日、松岡外相はヨーロッパ訪問の帰途、ソビエトのモロトフ外務大臣と交渉し、領土保全と不可侵の尊重を内容とする日ソ中立条約に調印します。

❖日米両国諒解案を葬った松岡外務大臣の罪

この松岡外務大臣の外遊中に、日米交渉は進展し、4月17、18日、野村アメリカ大使から「日米両国諒解案」が外務省に届きました。4月18日に大本営政府連絡懇談会で、この諒解案が討議されます。この諒解案は、枢軸同盟の目的は防禦的なものであり、この条約に基づく日本の義務は、ドイツが欧州戦争に参入していない国から積極的に攻撃された時にのみ発動されるとしていますが、他方でアメリカ政府が満州国の独立を認めるよう中国政府に和平の勧告をすることを内容としており、また武力に訴えることなく平和的手段で日本が南西太平洋に発展することを認める内容でした。

当日の懇談会では、**国力の消耗している中で、日米戦争を回避するための絶好の案であるという見解が大勢を占めました。ここで、議論がまとまれば、日米戦争は回避できた可能性があるのです。**まさに、運命の分かれ道でした。しかし、大橋忠一外務次官は松岡大臣の帰国を待つべきだと唱え、外務大臣帰国後に懇談会を再度開くこととし、議論は収約できなかったのです。

4月22日の大本営政府連絡懇談会では、事前に近衛首相が松岡外務大臣を説得することとなっていたにもかかわらず、近衛首相は説得せず、松岡外務大臣がナチスドイツとの信義にもとるとして「日米両国諒解案」に強く反対し、会議を途中退席して、この合意をさせませんでした。

松岡外務大臣は5月12日に日米両国諒解案を大修正し、日本は三国同盟を守ること、アメリカ政府に中国との和平の内容に関与させない、日米首脳会談も開かないという驚くべき提案をアメリカ政府に提案するに至りました。外務次官の狭量さと大臣の傲慢さによって、日米戦争回避の最大のチャンスが奪われたのでした。

正式の日米交渉はこの5月12日に始まり、12月8日に決裂したとされていますが、実質的には、このときに日米交渉は松岡外務大臣の横やりで決裂させられていたと見ることができます（山中恒「アジア・太平洋戦争史」下巻　215〜226頁）。そして、1941年6月には、フランスのパリが陥落し、ナチスドイツに降伏することとなります。

❖甘い見通しで始めた南部仏印進駐がアメリカの対日禁輸政策を導き出した

これに対して、アメリカ政府は5月31日、アメリカの全面的対案を野村大使に手交します。これには内閣から松岡外務大臣を排除すべきことを求める文言までが含まれていました。野村大使は、6月6日、日米起草委員会を作り、日米の歩み寄りのために努力を続けました。6月21日、ハルは米国側対案を野村に示しました（ハルノート）。この対案は、日本政府に対して事実上三国同盟からの離脱を求め、中国との関係では満州事変前の段階に戻ることを求める内容で、日米両国諒解案よりも大幅に後退した内容でした。

この時期のことでよく知られていないことは、海軍だけでなく、陸軍の中枢にいた軍人たちも、日米戦争において日本に勝ち目がないことはわかっており、本音のレベルでは交渉による戦争回避を望んでいたと考えられることです。

1941年6月22日にはドイツがソビエトとの全面戦争に突入します。陸軍は、ドイツの闘いで手一杯のソビエトを叩けと言う北進論を唱えだします。一方、海軍からは南方の天然資源を獲得するためさらに南進するべきであるとの主張が出されます。

1941年7月2日に「大本営政府連絡会議」は「情勢の推移に伴う帝国国策要綱」をまとめましたが、これは「外交交渉」「北進（ソビエト侵攻）」「南進」のいずれかに絞ることなく、すべてを進めるという総花的なものでした。要綱の最後には「具体的な措置に関しては別にこれを定む」とされ、何も決まらなかったことがわかります。何も決めないということも、状況を悪くしていく典型的なやり方でした。

1941年7月上旬には、「関東軍特別演習」が開始されます。いうまでもなく、これは陸軍の北進（ソビエト戦）へのデモンストレーションでした。

7月16日、近衛内閣は総辞職し第三次近衛内閣が発足します。この辞職は松岡外務大臣の更迭のためでした。陸軍の北進を踏みとどめるため、近衛首相は海軍の南進に同意を与えます。その結果、日本軍は7月22日、南部仏領インドシナに平和的に進駐します。しかし、このことがアメリカ政府の逆鱗に触れ、アメリカ政府は8月1日、対日全面禁輸政策を実行することとなってしまいます。8月17日にはアメリカ大統領は野村大使を招いて会談し、「覚書　現在以上の武力進出に対する警告」を手交します。

アメリカが禁輸政策によって日本政府を追い詰めたことが日米開戦の原因であると説かれることがあります。**しかし、日本政府が「情勢の推移に伴う帝国国策要綱」にもとづいて、南部仏印進駐を実施したことが禁輸の引き金であり、またこれに先立って1941年4月の段階で、日米両国諒解案を反故にしたのも日本側（松岡外務大臣）であったことを忘れてはなりません。**政府も軍幹部も、フランスがナチスに降伏する中で、南部仏印進駐がこのような深刻な結果を招くものと認識していなかったのです。この点も国際情勢の読み誤りが、太平洋戦争への道を進めた一つの要因といえます。

❖最強硬派の東条首相の下でなら軍の譲歩もあり得たのか

追い詰められた近衛首相は、ルーズベルト大統領に日米巨頭会談を呼びかけます。しかし、アメリカは日本の具体的な態度を明らかにせよと迫り、日米巨頭会談は実現しませんでした。5月の段階で、近衛が松岡を説得できていれば、別の道が切り開かれた可能性もありましたが、「時すでに遅し」だったのです。

1941年9月6日の御前会議において、「帝国国策要領」が決定されました。これは、「帝国は自存自衛を全うするため対米（英蘭）戦争を辞さない決意の下に、概ね10月下旬を目途とし戦争準備を完整する。」「帝国は右に並行して米、英に対し外交の手段を尽くして帝国の要求貫徹に努める」という内容のものでした。

10月16日、近衛内閣は総辞職し、10月18日に東条英機が組閣を命じられます。

その後開戦までの2カ月に起きた出来事を追ったドキュメントに保坂正康『陸軍軍務局と日米開戦』があります。この本は、高級課員石井秋穂を中心に、昭和16年の真珠湾攻撃までの陸軍と内閣の動きを追ったドキュメントですが、当初は日米外交交渉の妥結を模索していた東条内閣が開戦へと向かっていく過程が生々しく描かれています。

この組閣に際し、天皇は、9月6日の御前会議の決定を白紙に戻し、再度国策を検討するように、そして再度日米交渉を行うよう、特に指示したとされます。近衛内閣の総辞職は東条が中国からの撤兵に最後まで反対したためですが、その最強硬派であれば、対米交渉で譲ることができるのではないかと木戸幸一らが考えていたと保坂は述べています。11月1日には御前会議が再度開かれ、対米交渉甲乙案が決められ、交渉不成立の場合には12月1日で交渉を打ち切ることが決められます。

また、この本に出てくる新聞記者の姿は、他紙よりも1日でも早く日米開戦の特ダネをとりたいという点につきています。好戦的な雰囲気を和らげ、交渉をやりやすくするような報道を心がけた報道機関などは皆無でした。

❖太平洋戦争時の究極のヘイト・スピーチ

戦争中の報道の実態を端的に示すのが、戦争中、とりわけ末期の『主婦の友』の戦争特集です。１９４４年12月号の表紙には、ゼロ戦を作っている少女の挿絵に「アメリカ人をぶち殺せ」の標語を掲げ、また「これが敵だ！　野獣民族アメリカ」という特集記事を掲載して、アメリカに対する敵意をあおり立てていました。婦人雑誌がここまで殺伐とした内容となっていたことも、この時期の日本国民の心理状態を知る上で、参考になります。

同社は、戦争が終了するや、このような報道を全く反省することなく、民主主義を唱える紙面に作り替えました。１９４６年1月の日本出版協会の戦争責任に関する特別委員会が作成した『出版界粛清報告書』では、同誌の廃刊と社内の徹底民主化が求められています。しかし、このような戦争責任の自覚に基づく措置は、事実を隠蔽し、戦争を煽った新聞や雑誌などの言論界や政府による「治安維持法」と「軍機保護法」の濫用を追認した司法機関、さらには７３１部隊による人体実験を主導した医学界においては、皆無といってよいものでした。ポツダム宣言の受諾を決めた直後の１９４５年８月14日の閣議で、日本政府は連合軍による戦争犯罪の追及を恐れ、「機密重要書類焼却の件」を発し、「各種機密書類」、「物動関係書類」、「統計印刷物」などの、焼却を命じました。そして、学校や各種団体に通達すること、この通達そのものも焼却することまでを命じています。軍関係、町村役場、学校、地域では、数日をかけて重要書類を焼却、廃棄しました。この通達は長野県松本市の「松本市文書館」

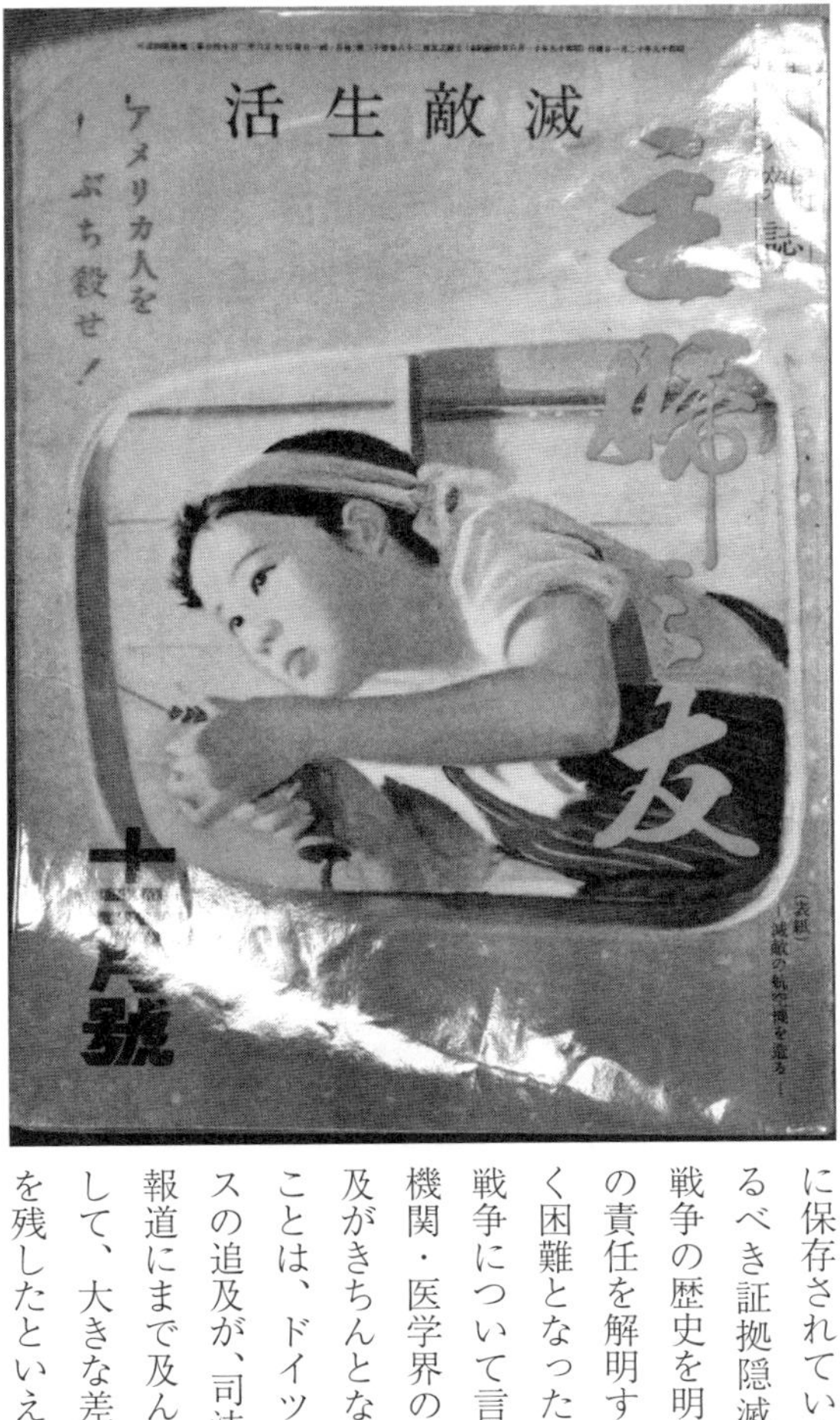

に保存されています。この恐るべき証拠隠滅工作のため、その戦争の歴史を明らかにし、その責任を解明する作業は著しく困難となったのです。15年戦争について言論機関や司法機関・医学界の戦争責任の追及がきちんとなされなかったことは、ドイツにおけるナチスの追及が、司法界や医学界、報道にまで及んだことと対比して、大きな差があり、禍根を残したといえます。

第8章

日本を戦争する国としないために私たちは何をなすべきか

❖戦争を招き寄せるひとつひとつの制度に反対していく

本書において、戦争を進めようとするときに、政府が作ろうとする司法、行政制度を戦前の歴史の中から拾い出してみました。

話が行ったり来たりして、読みにくかったかもしれません。巻末に戦前の年表を添付しましたので、これを見ながら読んで頂ければ、立体的に歴史の流れがわかってくると思います。本書の分析を通じて、戦前にあった戦争推進のための法制度の多くが、安倍政権のもとで、すこし形は変えていますが、同様の機能を持つ制度が確実に誕生し、また、既存のものが強化されていることが分かっていただけたと思います。

まさしく、安倍政権の中枢には戦争国家の設計図があり、これに基づいて自民党と政府官邸、警察、防衛、法務、外務などの官僚たちが、このような制度の構築に邁進していると見るべきです。

その大きな核となる制度が、「国家安全保障会議設置法」、「秘密保護法」であり、安全保障法制＝戦争法制であり、盗聴制度の拡大、マイナンバー制度であり、次の大物が「治安維持法」にも匹敵する、「団体処罰法」としての「共謀罪法案」（政府は「テロ等準備罪」と名付けていますが、これは政府が2003年に「共謀罪」として提案したものの修正案に過ぎません。）であると私は考えます。

私たちは、なんとしても、「秘密保護法」「戦争法」を廃止し、「共謀罪法案」の制定を阻止しなければならないのではないでしょうか。

また、政府はすでに多くの有事法制を制定し、「戦争法」の延長に憲法9条の改正、憲法に国家緊急権条項を盛り込もうとしています。**国家緊急権条項は、民主主義、立憲主義を一気に崩壊させる可**

能性があります。このような野望をゆるさず、私たちの国の戦争国家化を、何としても未然に食い止めなければなりません。

❖「戦争法」・「秘密保護法」を廃止するため過去の経緯を乗り越えて連携する

このように、日本の戦争国家化・ファシズム化を防ぐために、最重要の課題は言うまでもなく、安全保障法制＝「戦争法」を廃止し、「秘密保護法」を廃止することです。「秘密保護法」と「戦争法案」に反対する活動の中で、これまでの政治的な潮流の違いを大きく乗り越えた協同作業を現実のものとすることができました。市民を仲立ちとした野党による選挙協力は、さまざまな問題を抱え込みつつも、一定の成果をあげています。２０１６年10月の新潟県知事選では、民進党が自主投票、連合は与党候補を応援する中で、原発の再稼働に反対する野党統一候補である米山隆一氏を大差で当選させることができました。このような動きは、脱原発と戦争に反対する勢力の政治的な統一の萌芽であると言えるでしょう。

❖歴史に対する正確な知識と謙虚な姿勢を若い世代に伝えていく

過去に侵略国家であった国の国民は、その事実を正確に認識し、新しい世代にその歴史的経験を語り伝えていく責務があります。ドイツでは、この基本がきちんと実施され、ナチスの非道が若い世代に語り継がれてきました。生きた歴史教育が、今のドイツ国家の骨格を作ったのです。そのような教育を押しつけてもうまくはいきません。むしろ、このような歴史を学ぶことは、厳しい自己批判を要する苦しい作業だと思います。

教育の現場こそが、ファシズムとの闘いの最前線です。しかし、現在の日本は、歴史総括の主導権を歴史修正主義者に奪われ、文部科学省による教育統制により、若い世代に正しい歴史的視点を伝えることが著しく困難になっています。この状態を克服し、世代間で侵略戦争の痛苦な反省を伝えていくことこそ、日本の民主主義政治を守るための最大の防波堤だと思います。ドイツの高校における現代史の教科書（ヴォルフガング イェーガー・クリスティーネ カイツ著『ドイツの歴史（現代史）』明石書店、２００６年）は、歴史を語るだけでなく、歴史の転換点ごとにナチスドイツの暴走をどのようにしたら止めることができたかを、生徒自らが考える材料を提供しています。本書はそれに倣いこの本も、高校で現代史を教えるときの副読本にこそ使ってほしいと考えて作りました。

ここで戦争の兆候を見分け、戦争を避けるために重要と思われる事柄をまとめておきたいと思います。

①戦争は、仮想敵とされる国・集団に対する敵意があおり立てられている状態で起きます。ヘイトスピーチは戦争の根源です（暴戻支那キャンペーン、アメリカ人をぶち殺せ）。

②戦争のきっかけとなる紛争は、政府によって謀略的に作られることがあります。そしてこのような事柄は隠されるし、このような情勢の下では報道機関は真実を報道しないし、しようとしても、できない可能性があります。満州事変は国際社会からの孤立を招き、国際連盟からの脱退につながりましたが、関東軍による謀略事件でした。

③いつの世の中でも犬養毅や野村吉三郎のように、戦争を避けるために命がけで努力する政治家や官

僚、軍人はいますが、かれらの努力を無にするのは、政権内部の好戦派であり、「弱腰」「満州の特殊権益を守れ」「国益に反する」などの報道機関のあおり立てる好戦キャンペーンです（5・15事件、日中戦争時・国際連盟脱退時の新聞報道）。

④ごく少数の指導者の狭量さが、まとまりかけた和平への努力を無にしてしまうことがあります（犬養内閣の下における日中秘密交渉をつぶした森恪内閣秘書官長、日米両国諒解案時の松岡洋右外務大臣と大橋忠一外務事務次官）。

⑤政治家による威勢の良い言葉は交渉の途を塞ぎ、戦争への道を掃き清めることがあります（蒋介石を相手とせずとの近衛声明は交渉の前提を破壊した）。

⑥十分な情勢分析を欠いたまま、たいしたことにならないと考えて選択した途が破局につながることがあります。南部仏印進駐は、米英の激怒を招き、太平洋戦争につながりました。予測せざる連鎖が戦争を拡大していくことがあるのです。

⑦戦争の危機を食い止めようと努力した人々もいました。軍事専門家の誰もが勝てないとわかっていた太平洋戦争を始めてしまったのは「抗いがたい空気」のせいとされます。その空気の中味は「それまでの戦闘における犠牲を無駄にしてはならない。」「自分で決めたデッドラインが近づき、解決できないままその時期が来れば戦争となってしまう（太平洋戦争の開戦時）」「情勢はどんどん厳しくなる。今闘わなければもう闘えなくなる。」「戦争に反対する意見は国益に反する空理空論で、そのような意見を述べるものは非国民国賊だ」といったところに集約されるでしょう。

⑧その空気を人一倍煽るのは売らんかなの「メディア」でした。「国益を守れ」「犠牲を無駄にするな」「戦

争に反対する者は非国民」という大合唱が始まり、これを阻むことはできなくなってしまいました。政府はメディアを統制しようとし、多様な言論を封殺しました。その結果、政府内の良識ある見解以上に好戦的な報道の洪水を生み出してしまったのです。沈黙を強いられる前に、戦争を食い止める理性の声を上げられる報道環境を守り、言論の多様性を確保しておかなければなりません。

⑨濫用のおそれがないというふれこみで成立した「治安維持法」のような法制が、相次ぐ法改正と実務の暴走と司法による追認によって、政府と異なる見解を持つ団体を一網打尽にできるような治安立法と化す可能性があります。濫用の恐れがないという政府の安易な説明を信じてはならないのです。

❖フェミニズムに依拠する寛容な精神

ギリシャ文明の「女の平和」の時代から戦争に対する最大の批判勢力は女性たちでした。戦争で息子や夫を失う可能性のある女性は、強く戦争に反対してきました。日本においても、日露戦争時の与謝野晶子による反戦歌などにその例を見出すことができます。

ファシズムや戦争を支えた女性がいなかったわけではありません。戦前にも、戦争は女性の社会進出のチャンスだと考え、これに積極的に協力した女性運動家がいたことも事実です。しかし、脱原発運動や福島原発事故後の放射線被ばくに反対する活動においても、女性の果たしてきた役割は極めて大きいものがあります。

ファシズムはマチズモ（男性優位主義）・人種差別と強い親和性を持っています。ファシストの頑なな心を開き、その人間的な転換・人間性の回復を誘うようなフェミニンな介入が国の政治レベル、社会的なレベル、個人的なレベルのすべての段階で取り組まれることが望まれます。そして、このような活動は徹底した非暴力的な思想にもとづいて取り組まれる必要があります。

２０１７年1月、トランプ政権の発足時にワシントンの街をピンク色で埋め尽くした50万人のウィメンズ・マーチは、世界がテロと戦争の中で混乱に陥っていくことを食い止める大きな灯台となっているように思えます。

そして、あらゆる形態の人種差別に強く反対し、隣国との紛争を平和的に解決するために努力することは、ファシズム化を食い止め、戦争を防止するために決定的に重要なことです。日本においても、２０１６年に「人種差別禁止法」が制定されました。完全な法律ではありませんが、人種差別をあおり立てることが違法行為であることを明確にした点で、画期的な第一歩であったと思います。

❖言葉を研ぎ澄まし、ウソを言わない

戦争がウソと秘密から生み出されることは何度も述べてきました。これに対抗する我々が徹底して依拠しなければならないのは、事実と真実です。そして、ファシストがごまかしのための言葉「ニュースピーク＝ポスト・トゥルース（真実無視）」を使うのであれば、これに対抗する私たちは、真実に忠実な言論を心がけなければなりません。

ファシスト的な陰謀やウソ・まやかしに対して、同じレベルの策動をしたり、誇張した大言壮語を使ってはならないと思います。このことは、原理原則に関わる重大な問題です。我々は言葉を研ぎ澄

まし、多くの人々からの信頼を獲得しなければならないからです。

我々は、「戦争法」、「秘密保護法」、「通信傍受法」、「共謀罪」などの内容を学び、戦争が起きるときに何が隠され、どのようにしてこれに反対することが難しくなるのかを歴史に学ぶ必要があります。このような政策を進めれば、自衛隊員が海外で、殺し殺され、日本の国内でもテロが起きるようなことになることを多くの人に知らせなければなりません。マスコミが戦争を煽り始めたら、止められません。戦争に反対することが「非国民」と呼ばれるようになるでしょう。「共謀罪」に反対することが、テロリストに味方するものだというレッテル張りが始まっています。政府の宣伝と新聞・テレビの報道に疑問を持つメディア・リテラシーが必要です。

戦争のリアリティを若者と話し合いましょう。次の戦争によって犠牲となるのは若者たちであることについても話し合いましょう。そして、安倍政権の無法な暴走は市民の力で必ず止められるという確信を持ちましょう。多くの人々との協働を追求しつつ、一人きりになっても萎縮しないで闘い続ける勇気を持つことが、いまほど求められている時はないと思います。

〈コラム⑥〉 私と家族と戦争と。

小竹広子

私が子どもの頃、実家は父の独裁政権でした。母と私と妹の3人は、父に怯えつつ、地下活動のように、父の居ない空間で生き生きと楽しく暮らしていました。父は、気に入らないことがあると、私たちを怒鳴って暴力を振るう人でした。母は基本的にいっさい父に逆らいませんでしたが、それでも時々、殴られたり蹴られたり灰皿を投げつけられたりしました。

ある日曜日、母が用事で出かけてお昼を少し過ぎて帰ったので、父は怒っていました。母が慌てて昼食を作ったのですが、食卓につくと、父はいきなり母の頭からお味噌汁をかけました。母は黙って立ち上がり、外に出て、車でどこかへ行ってしまいました。私は、さすがに母も怒って家出をしたかと思い、父と妹と3人で生活するのは大変だけど、母がやっと自由になれるなら良かったと思いました。しかし、母は、数時間後にスーパーの買い物袋と共に戻って来ました。母の頭にまだ味噌汁のワカメがついているのを発見して、私と母は笑いました。

子どもの頃の私の願いは、父が母に優しく接してくれること、そうでなければ母が離婚してくれることでした。私は父の誕生日に、ママを大事にして欲しい、そうでないとパパはいつかひとりになってしまうと、手紙を書いて渡しました。しかし、ブラックホールのような父から何かが返ってくることはありませんでした。私は、父から母を救いたいと願う一方で、父が暗く寂しい精神の牢獄に住んでいることを知っており、父をそこから救いたいとも願っていました。願いは叶わぬまま、私は自分を守るため、15歳で実家を出て父から離れました。

父に暴力で支配する人間関係を教えたのは、父方の祖父でした。祖父は、戦争中、陸軍の諜報部隊に所属して中国で活動していたそうです。祖父の身体には、取り出すことのできない銃弾が何個も埋まったままになっていました。祖父から戦争の話を聞いたことはありませんが、何かで中国の話が出たとき、祖父は「わしは中国に行ったら殺される」と口走りました。祖父は、戦後、農協の組合長を40年間つとめ、昭和天皇に呼ばれて金色の杯をもらってきました。町会議員でもあり、建設会社の社長でもあり、部下と家族を力で支配していましたが、実はみんなから憎まれ嫌われていたことは、祖父の葬式の日によくわかりました。

私に戦争のことを話してくれたのは、母と、母方の祖父母でした。母はなかなか話上手な人で、B29が焼夷弾《しょういだん》を落として辺り一面が火の海になり、大勢の大人や子どもが燃えさかる火の中を逃げ惑って死んでいったこと、広島と長崎に原爆が落とされて、皮膚が焼けただれてお化けのようになった人が水を求めながら死んでいったことなど、情景が思い浮かぶようにありありと話してくれました。母は、話の終わりに、決まって私と妹にこう言いました。

「みんなが戦争に賛成しとる時に反対するのはものすごく難しいことなんよ。今は平和でも、あんたらが生きとる間にまた戦争を起こそうとする人がおるかもしれん。その時は、世界中の全員が賛成しても、あんたら二人だけになっても、絶対に戦争には反対せられえよ」

考えてみれば、母は1951年生まれですから、ありありと戦争の話ができたのは不思議です。おそらく、両親の話を聴いたり本を読んだりした結果なのでしょう。母が読んでくれた「ひろしまのピカ」、「かわいそうなぞう」など戦争を伝える絵本も強く印象に残っています。

母方の祖父母は私が生まれたときに43歳と42歳、私をとてもかわいがってくれる第二の両親のような存在でした。終戦時16歳だった祖父は、学徒動員で神戸の兵器工場で働いており、そこで空襲に遭って、多数の友人を亡くしました。祖母も学徒動員で軍服を縫っていたそうです。

祖母は、あるとき、女学校の校庭で、竹槍を持ってB29を突き落とす訓練をさせられました。「B29を突き落とせ！えい、やあ！」とかけ声をかけながら竹槍で空を突くのです。祖母は、飛行機を竹槍で落とすという先生の話をおかしく思い、手を挙げて「先生、B29は竹槍では落ちません」と言ったところ、「この非国民が！」と言うなり、先生に思いきり頬を殴られたのだそうです。1985年頃だったと思いますが、祖母が私に話してくれました。「こないだ同窓会があったから、おばあちゃん、その先生に言うちゃったんじゃ。先生、B29を竹槍で突き落とす言うて、私を殴ったじゃろうって。そしたら、先生、わしも戦争中は馬鹿なことを言ようった（岡山弁で「言っていた」の意味）もんじゃ、言うて頭を掻きよったわ」。なかなか天然で率直な性格の祖母なのでした。

私は、母方祖父母は、戦争を憎んでいるリベラルな平和主義者だと思っていました。ところが、私が大学生の時、たまたま帰省して祖父母と母と一緒にテレビニュースを見ている時のこと。土井たか子さんの、従軍慰安婦問題について中国や韓国にお詫びをして損害を賠償するべきだという談話が流れました。これを聞いた祖父母は「土井さんは賢い人なのに、なんであんなことを言うんじゃろ。中国や韓国にお詫びなんかする必要ない」と言ったのです。若かった私は驚き、悲しくなって、「悪いことをしたら謝るのは当然じゃが！」と、大きな声で祖父母を責めてしまいました。瞬間、その場の空気が凍りつきました。私はみんなに背を向けてテレビを見たまま、どうしていいかわからずに目に涙をためていました。ものすごく長い沈黙が続いた後で、祖父が口を開きました。「おじいちゃんらが若い時はな、中国人や韓国人は一段下に見て差別されよったんじゃ。わしら、その差別心が残っとるんかもしれんなぁ」。そうポツリと言ってくれた祖父に、とても救われた思いがしました。

1994年に、六大学野球の早慶戦を天皇と皇后が見に来たことがありました。私はどうして天皇を敬うのかが理解できず、天皇が来るからといって大学を挙げて特別扱いで歓迎するのはおかしいと思いました。同じような考えの友達に誘われて、「早稲田の学生みんなが天皇制や天覧試合に賛成じゃない、反対の人もいるよ」ということを示すため、神宮球場で天覧試合反対のチラシを撒くことにしました。私の部屋にあったシーツを使って「天覧試合反対」の横断幕も作りました。当日、チケット売り場に並んでいる人にチラシをまこうかな、などと話しながら神宮球場の外側を歩いていると、前と後ろから私服の公安警官の一団がわーっとやってきて、イノシシ狩りのように手足を持たれ、みんな逮捕されてしまいました。逮捕の理由は、神宮球場の持ち主の明治神宮が、天覧試合反対のチラシを撒くために敷地に入ることを許してないから、私たちの行為は建造物侵入罪にあたるというのです。翌日の新聞には「過激派? 逮捕」との記事が載りました。一応平和だ民主主義だと思っていた世の中がそんな仕組みになっていたとは、驚き呆れてしまいました。私たちは、逮捕が違法だと訴える国賠訴訟を起こしましたが、数年後に敗訴しました。

私は直接戦争を経験した世代ではありませんし、私の両親すら直接戦争を経験していません。しかし、私は、父方祖父が戦争で受けた傷が、祖父を通して父をむしばみ、私に引き継がれたと感じています。戦争が終わっても、祖父や父の心の中の戦争は、ずっと続いていました。私が父に手紙を書いてから15年後、両親は離婚し、手紙に書いたことが現実になりました。私は男性不信で悩み、カウンセリングを受け、自分もカウンセラーになりましたが、未だトラウマを抱えています。権力や暴力による支配に、私が敏感になってしまうのは、父との関係と重なって反骨精神が頭をもたげるからです。私が心の中の牢獄に住む人たちに関心を注ぐのは、一面では、救えなかった父の代わりに救いたいからです。そして、母方祖父母の心に残った差別心と同じ方向性を持つ排外主義は、私の心にも時々生じるものであり、今、トランプ政権のアメリカと世界を席巻しています。私にとって、戦争は、遠い過去の出来事ではなく、日々、乗り越えなければならないものです。

〈コラム⑦〉憲法制定のころと私の青春*

角尾隆信

◉はじめに

戦中派という言葉がある。広辞苑によれば、第2次世界大戦の最中に青春時代を過ごした世代、とある。太平洋戦争の始まった1941年に21歳になった私たちはまさに戦中派である。「暗い谷間の青春」とはいみじくも言った。明けても暮れても戦争に終始し、暗い谷間に押し込められたような青春時代であった。

1945年8月15日に終わりを告げて、私はその年9月に軍隊から解放され、山陰の故郷にやせ衰えた体で復員した。正直なところ、これでやれやれと思った。

軍隊に入った当初は、当時の青年の一人として、尽忠報国の志がなかったわけではないけれど、軍隊内のあまりにも理不尽、また野獣のような暴虐に堪えかねて滅私奉公の精神も消え去っていた。

軍隊の外に出てみると、世の中は一変していた。戦時内閣の鈴木貫太郎首相は辞めて、替わって東久邇宮が首相の座につき、人々、特に若い人々はいっせいに民主主義を叫んでいたのには驚いた。本当は意味もよく分かってはいなかったのだろうが、やたら民主、民主と蝉が鳴くように叫んでいた。昨日までは鬼畜米英と叫んでいたのが今は一変して民主主義を叫んでいる。その変わり身の速さには驚くほかなかった。

そのうち、山陰の小さな市にも、米進駐軍がやってきて、米軍政部なるものが設けられ、街中を米軍のジープが走り回り一日一日世の中の様子も変わっていった。

◉憲法の制定

さて1945年の10月になると、幣原喜重郎が首相になり、幣原内閣が成立した。

この頃マッカーサー司令部からの指示を受けて内閣に国務大臣松本烝治を委員長とする憲法問題調査委員会が設けられた。しかし、これで憲法改正作業が本格的に始まったわけではなかった。その当時、美濃部達吉博士が、新聞紙上に、憲法改正は時期尚早、政府は外になすべきことが多々あるのではないかとの意見を公表されたのを、記憶している。たしかに当時は、インフレの波にもまれ、日々の生活に追われ、食糧を確保するのが精一杯と言うのが一般庶民の日常で、憲法にまで思いを致す国民はあまり多くはいなかったのが実情だった。東大に復帰した大内兵衛教授が朝日新聞紙上に、政府は蛮勇をふるってインフレに対処すべきだという論文をのせたのもこの頃だった。獄中18年、釈放されて自由を得た共産党の徳田球一が街頭に立って、憲法より食糧をよこせ、と叫んでいた。世情は騒然としていた。

日本はポツダム宣言を受諾して降伏したのである。そのポツダム宣言は、日本の軍国主義を排し、かつての侵略戦争を指導した旧勢力を除去し、日本の軍隊を完全に武装解除し、戦争犯罪人を処罰し、民主主義を復活強化し、言論の自由等基本的人権を確立することを内容としている。

要するに、日本の旧体制を根本的に変革しろという要求である。そうなると旧体制の法的基盤である憲法の改正は当然必至の問題とならざるを得ない。ただ、旧体制の基本である天皇制については、ポツダム宣言は「日本国国民の自由に表明せる意思に従い平和的傾向を有しかっ責任ある政府が樹立せらるる」とのみあって、直接的に天皇制廃止とまでは言っていなかった。

年を越えた1946年2月、マッカーサー司令部から、憲法改正についてはのんびりと構えていた日本政府に対して、早急に改正案を提出するよう指令を発してきた。松本委員会では、急遽改正案の作成に着手せざるを得なくなった。

そこで、政府からマッカーサー司令部に提出されたのが、いわゆる松本案である。1946年2月8日のことである。これは調査委員会の委員長松本烝治が中心になってまとめ上げたもので、通称松本案と言われている。

さて、この松本案だが、今私たちから見ても何とも驚くべき案である。改正案といいながら旧憲法のどこをどのように改正したというのかさっぱり分からないしろものなのである。例えば、旧憲法1条、2条はそのままにし、3条「天皇は神聖にして侵すべからず」とあるのを「天皇は至尊にして侵すべからず」とし、11条「天皇は陸海軍を統帥す」とあるのを「天皇は軍を統帥す」とする程度の辞句の書き替えで、憲法の内容、構成は殆どというより全く変わらない。「神聖」と「至尊」とどう意味が違うのか国語学者でもない私にはさっぱり分からないが、ましてこれを英語に翻訳して、訳文を読むマッカーサー司令部の担当者も単なるゴマカシとしか思えなかったであろう。マッカーサー司令部が松本案を読んで「明治憲法にもっとも穏やかな修正を加えたにすぎないもので、日本国家の基本的性格は少しも変えられずに残されていた」と評したということだが、誰しもそう思っただろう。

そもそも、日本はポツダム宣言を受諾して降伏したのだ。この厳然たる事実を忘れたかのように、絶対天皇制や陸海軍の存在を前提にした草案を提出すること自体、滑稽とさえ言える。

マッカーサー司令部から松本案が拒否されたのも自然の成り行きといわなければならない。もともとこの調査委員会の顔ぶれをみると、委員長の松本烝治をはじめ古色蒼然たる人が多い。顔かたちを言うのではない。頭の中身のことである。天皇制、国体護持をただ一筋にと考え、新しい民主主義の理念に沿った憲法を作ろうとする熱意や精神には疎い人たちであった。

当時、高野岩三郎案をはじめ優れた民主的な憲法草案がいくつも発表されていたのだから、これらを参考にしても良かったのだが、一顧もされた形跡はない。

とにかく、日本政府に委せていてはとうていポツダム宣言に沿った憲法ができるはずはない、とマッカーサー司令部から改めて英文の草案が政府に示された。これが同年2月13日のことである。

いわゆるマッカーサー3原則のもと、ホイットニー民政局長が25名の同局員を督励して、1週間でこの草案を作り上げたというのは有名な話である。これを受け取った政府内ではいろいろ議論が交わされたが、結局これを受け入れ、これを草案にして新憲法を作るということになった。その年4月に総選挙が行われ5月に自由党の吉田茂内閣が成立した。新しい選挙法の下に選ばれた国会で、憲法改正が審議され、全会殆ど一致で日本国憲法案が可決され、同年11月3日に公布、翌年5月3日に施行されることになった。

この改正手続きは旧憲法73条の規定に基づいて行われたものであるが、実質的には革命的な変更であったと言える。

当時、衆議院の憲法改正特別委員会の委員長だったのが、後に首相となった芦田均である。この人が当時行った委員長報告演説は今も語り草として残っている。その一部を引用する。

「侵略戦争を否認する思想を憲法に法制化した前例は絶無ではありませぬ。しかし我が憲法のごとく、全面的に軍備を撤去し、全ての戦争を否認することを規定した憲法は、おそらく世界においてこれを嚆矢とするのでありましょう（中略）改正憲法の最大特色は大胆率直に戦争の放棄を宣言したことであります。これこそ世界平和への大道であります。我々はこの理想を掲げて全世界に呼びかけんとするものであります。かかる機会を与えられたことに対し、私は天地神明に感謝せんとするものであります」

まことに大演説である。芦田均自身感激に涙を流していたのかも知れない。大拍手が起こったのも当然だったろう。

新憲法が作られて文部省は「新しい憲法のはなし」という冊子を作って、生徒に配付した。これには軍艦や戦車がゴミとして捨てられる挿画とともに、もう日本には軍隊はいらない、と書かれていた。とにかく、この当時政府も国民も、新しい憲法によって日本は平和国家になったのだ、2度と再び戦争はしない国になったのだ。軍隊などは一切ない国になったのだ、と信じ、これを疑う者はいなかった。

●再軍備へ逆行

1949年毛沢東によって中華人民共和国が成立した頃になるとアメリカの対日政策は一変し、これにともないマッカーサー司令部の占領政策も変わってきた。

日本を共産主義に対する防波堤にするためには日本の再軍備は必須だ。そのためには憲法9条は障害になると言うのがアメリカの考えだった。1953年アメリカの当時副大統領ニクソンが来日して演説し「アメリカは間違いを犯した」と言った。何の間違いを犯したかと言うと、憲法9条の平和条項を作ったのが間違いだったと言うのである。当時ラジオでこの演説を聞いて、アメリカという国も随分身勝手なことを言う国だ、と私は思った。

アメリカの占領政策の変更に伴い、国内でもいわゆる解釈改憲論が主張されるようになった。それまで全く問題にされなかった憲法9条2項の「前項の目的を達するため云々」の字句を取り上げ、国際紛争を解決するためではなく、自衛のためには軍隊はもてるのだ、と言われ出した。このことをもっとも強く言い出したのが、ほかならぬあの芦田均である。あの字句は憲法改正委員会委員長の自分が挿入したものであると誇らしげに言った。そして後には、「もし日本の憲法が国を守るために武器を取ることさえも禁じておるというなら、かような憲法は一日も早く改正すべきである」と演説しているのである。かつて新憲法は「大胆率直に戦争の放棄を宣言したことであります」とか、果ては「かかる機会を与えられたことに対し、私は天地神明に感謝せんとするものであります」とか、まさに声涙ともに下るような大演説をぶったあの芦田均がである。私は当時これを聞いて、政治家というものの本質を見たような気がした。

1950年朝鮮戦争を機に、マッカーサーの指令で警察予備隊が作られ、1952年にはこれが保安隊となり、1954年に自衛隊となり、年々増強されて、今では世界第2位とか第3位とか言われる存在になっているのは周知のことである。

最近では、在日米軍再編について日米両政府がとりまとめた「自衛隊と米軍の役割分担」によって、自衛隊は米軍と一体となって、アメリカの世界戦略の一環を担うとされている。このため自衛隊の海外での武力行使を可能とする憲法の改悪が目論まれている。自民党は憲法9条の改悪に執念を燃やしている。

ますます危険な情勢となっている。

◉戦中派の願い

戦後60年余、日本は一度も外国との戦争を経験せず、自衛隊は海外に出て他国の軍隊と戦火を交えることはなかった。

このことは戦中派の私たちにとって本当に驚くべきことであり、何よりも幸せなことだった。考えてみれば物心覚えた頃から青春期に至るまで、満州事変から始まって、日中戦争、太平洋戦争と戦争はエスカレートするばかり、1945年8月の敗北に至るまで、明けても暮れても戦争の日々だった。いわば戦争に虜にされた歳月だった。

それが今は60年という長い間戦争がなかったのだ。日本の近代史を見ても珍しいことである。これはひとえに憲法9条平和条項のお陰であると言わなければならない。

憲法9条2項がなかったら自衛隊はアメリカによって、朝鮮戦争にも、ベトナム戦争にも、湾岸戦争にも全部派兵させられていただろう、は外ならぬ元防衛研究所長小池清彦加茂市長の言葉である。

額賀防衛庁前長官は、在日米軍再編に絡む日米合意について、「これで日本の安全は20年にわたって大丈夫だ」と誇らしげに話した。世界の平和より国益を第一にし、国連憲章の禁止する先制攻撃も辞せずという米軍と一体となって何が安全なのだろうか。却って自衛隊が米軍と一体となって他国を侵略、攻撃したりすることがあれば、他国の憎しみや、攻撃を招くに至ることは必然である。安心どころか、危険きわまりないことではないか。防衛庁長官の考えは逆立ちしていると言わざるを得ない。

それにしても、戦争の悲惨を知る人も少なくなった。私たちのような戦中派戦前派は日々去っていく。しかし、戦争の実態は決して忘れ去ってはならない。空襲下、食べる物もなく、寝る所もなく、砲弾飛び交う街をただ さまよい歩いている人たちの群れ。異国の山中を彷徨のあげく餓死した兵士たち、原爆の惨禍は言うまでもなく、戦争の悲惨は語りつくせない。二度と戦争をしてはならない。これが私たちの悲願である。かつて日本の国民はこのことを一人残らず現憲法の成立とともに誓ったはずだ。憲法9条はしっかり守っていかなければならない。

※この原稿は、東京共同法律事務所の創立者であり、2014年8月5日に亡くなった故角尾隆信弁護士（享年93）が、2007年に事務所創立40周年を記念して出版された、宮里邦雄ほか編『憲法の危機を超えて』（明石書店）に寄せた文章である。本書のテーマと直接関わる原稿であり、私たちの事務所の創立の初心をあらわすものでもある。ご遺族の了解を得て、ここに肩書等含め原文のまま再録することとした（編者）。

◉あとがき

「愚者は自分の経験からしか学ばない。私は自分の誤りを避けるために、歴史から学ぶことを好む」。これは、19世紀ドイツの鉄血宰相ことビスマルクが漏らしたとされる警句ですが、21世紀の現在、この警句の意味を理解しないとしか思えない一連の空気が、この国を支配しています。

立憲主義を反故にする解釈改憲、「秘密保護法」や「共謀罪」をはじめとする「戦争法案」の推進、「嫌韓嫌中」に象徴される近隣諸国蔑視と対立の煽動、夜郎自大なナショナリズム、一億総何とかといったスローガン――安倍晋三首相やその周辺の人々が主導する昨今の風潮は、満州事変、日中戦争から太平洋戦争への道をたどった戦前日本の軌跡と奇妙に重なります。

「挙国一致」、「大政翼賛」、「国民精神総動員」、「暴支膺懲」――戦争を煽った勇ましいかけ声の末路は、広島・長崎への原爆投下、沖縄での地上戦の惨禍であり、公式発表だけで310万人とも言われる日本の戦争犠牲者、焦土と化した国土、そしてこれを何倍も上回る海外の戦争犠牲者でした。

このような民族の悲劇に学んだ我々日本人みずからが出した答えが、新憲法に託した不戦の誓いであり、個人の尊厳、国家からの市民的自由の保障であったはずです。昨今の風潮は、まさに歴史に学ばないものというほかありません。

私たちの東京共同法律事務所は、2017年4月に創立50周年を迎えます。事務所設立以来、私どもが常に心がけてきたこと、それは働く人や市民の立場にたって、その権利や生活を守るための弁護士であり続けたい、ということでした。

創立50周年にあたり、平和主義や民主主義、個人の尊厳、表現の自由といった、働く人や市民が拠り所としてきた価値観の危機に際して何かできないか、そのような思いのもとで、私たちは本書をまとめました。

安倍政権主導の現在の動きと不思議なほど似通う戦前日本の軌跡については、海渡雄一弁護士が多くの資料と文献に当たって執筆しました。海渡弁護士は、「次なる誤りを避けるために、歴史に学ぼう」という思いで執筆しました。海渡弁護士の原稿に触発され、ベテランから若手まで、当事務所所属の宮里邦雄弁護士、山口広弁護士、小竹広子弁護士、小川隆太郎弁護士の4人が、それぞれ戦争について思うことを述べたコラムも収録しました。難しい題材を読みやすい本に編集してくださった彩流社の出口綾子さんに心から感謝します。

最後に歴史に関する至言をもう一つ。

「歴史は繰り返す。最初は悲劇として。二度目は茶番として」

（マルクス「ルイ・ボナパルトのブリューメル18日」より）。

茶番劇の共演者になることはご免こうむりたい。そのためにも、働く人や市民が拠り所としてきた価値観と、その根源たる日本国憲法を守りたい。

本書が一人でも多くの方々、とりわけ若い世代の皆さんの目に触れ、そのような思いを私たちと同じくされることを願ってやみません。

中川　亮

＊主な参考文献

石橋湛山『大日本主義との闘争』（石橋湛山著作集3　政治・外交論）東洋経済新報社、１９９６年
清沢洌『清沢洌評論集』岩波文庫、２００２年
半藤一利『昭和史　戦前編』平凡社、２００９年
保坂正康『陸軍軍務局と日米開戦』中公文庫、１９８９年
　『昭和史のかたち』岩波新書、２０１５年
半藤一利・保坂正康『そしてメディアは日本を戦争へ導いた』東洋経済新報社、２０１３年
山中恒『新聞は戦争を美化せよ』小学館、２００１年
山中恒『少国民戦争文化史』辺境社、２０１３年
山中恒『アジア・太平洋戦争史』（上・下）岩波現代文庫、２０１５年
ＮＨＫスペシャル取材班『日本人はなぜ戦争へと向かったのか――メディアと民衆・指導者編』新潮文庫、２０１５年
ＮＨＫスペシャル取材班『日本人はなぜ戦争へと向かったのか――外交・陸軍編』新潮文庫、２０１５年
鈴木健二『戦争と新聞　メディアはなぜ戦争を煽るのか』ちくま文庫、２０１５年
奥平康弘『治安維持法小史』筑摩書房、１９７７年
奥平康弘編『現代史資料45「治安維持法」』みすず書房、１９７３年
中澤俊輔『治安維持法』中公新書、２０１２年
佐藤卓己『言論統制』中公新書、２００４年
早川タダノリ『神国日本のトンデモ決戦生活』ちくま文庫、２０１４年
内田博文『刑法と戦争』みすず書房、２０１５年
内田博文『「治安維持法」の教訓』みすず書房、２０１６年
荻野富士夫『思想検事』岩波新書、２０００年

（注）

1 奥平康弘『「治安維持法」小史』筑摩書房、１９７７年、52〜53頁

2 2月23日、衆議院委員会『第五十回帝国議会「治安維持法」案議事速記録並委員会議録』12頁

3 支援、外郭団体の活動が「窮極のところ」日本共産党の再建を目的としている等とする解釈論が展開された。

4 松尾洋『治安維持法』新日本出版社、１９７１年、１４８頁以下

5 田宮裕「山本宣治暗殺事件」我妻栄編『日本政治裁判史録　昭和・前』第一法規出版、１９７０年、２９１頁以下

6 奥平、前掲書、93頁

7 奥平、前掲書、１１８頁

8 田宮裕「赤化判事事件」前掲『日本政治裁判史録　昭和・後』1頁以下

9 水野直樹「日本の朝鮮支配と『治安維持法』」旗田巍編『朝鮮の近代史と日本』大和書房、１９８７年

10 3・15、4・16の両事件で無期判決が下された前記の４人のうち３名は転向し、控訴審において減刑されている。

11 奥平、前掲書、１３１頁

12 正確には、１９３５年3月に最後の中央委員であった袴田里美が逮捕された時点で、日本共産党の組織的な活動は終了したと解されている。

13 宮地正人「第二次大本教事件」前掲『日本政治裁判史録　昭和・後』93頁以下

14 その後、内務次官から貴族院議員になり、戦後は公職追放を受けるが、自民党の国会議員となり、岸内閣で法務大臣を務めた。

15 その後、宮崎県知事、広島県知事、愛知県知事に就任。１９４２年には大政翼賛会実践局長を兼任。１９４３年愛媛県知事に就任。１９４４年には厚生次官に就任。戦後は公職追放されるが、１９５２年から１９７２年まで衆議院議員、自民党治安対策特別委員長を務めた。

16 杭迫軍二『白日の下に』日刊労働通信社、１９７１年

17 早瀬圭一『大本襲撃 出口すみとその時代』毎日新聞社、２００７年

18 小田中聰樹「人民戦線事件」前掲『日本政治裁判史録　昭和・後』２７３頁

19 日本共産党ウェブサイトより引用

20 青山憲三『横浜事件』（希林書房、１９８６年）、森川憲壽『横浜事件の証言　細川嘉六獄中調書』（不二出版、１９８９年）

21 横浜地決平15・4・15、判時1820・45
22 森正『「治安維持法」と弁護士』日本評論社、1985年
23 政府は、これを「テロ等準備罪」と名付けましたが、2003年に政府みずからが「共謀罪」として提案した法案と、基本的な内容は変わりませんので、「共謀罪法案」と呼ぶこととします。共謀罪の問題点の詳細は、私と平岡秀夫元法務大臣との共著『新共謀罪の恐怖』（緑風出版、2017年）にまとめました。併せてご参照ください。
24 横浜弁護士会『資料国家秘密法』花伝社、1987年、26頁
25 斉藤豊治『国家秘密法制の研究』日本評論社、1987年、7～8頁
26 横浜弁護士会、前掲書、27～31頁
27 日高巳雄『改訂軍機保護法』羽田書店、1942年、137頁
28 第70回帝国議会貴族院軍機保護法改正法律案特別委員会における織田萬議員の指摘である。
29 第70回帝国議会衆議院第一読会における升田憲元議員の指摘である。同議員は在郷軍人であった。
30 纐纈厚『監視社会の未来』小学館、2007年、80頁
31 纐纈厚、前掲書、178～179頁
32『外事警察概況』昭和15年版
33 横浜弁護士会、前掲書、155頁
34 横浜弁護士会、前掲書、156頁
35 横浜弁護士会、前掲書、159頁
36『外事警察概況』四、昭和13年
37 横浜弁護士会、前掲書、160頁
38『外事警察概況』八、昭和17年（横浜弁護士会、前掲書、168頁）
39「思想月報」93号（昭和17年4月）（横浜弁護士会、前掲書、169～171頁）
40 上田誠吉『ある北大生の受難——国家秘密法の爪痕』（花伝社、2013年再刊）、北大生・宮澤弘幸「スパイ冤罪事件」の真相を広める会『引き裂かれた青春　戦争と国家秘密』（花伝社、2014年）
41 内務省警保局外事課『外事月報　昭和18年2月分』（北大生・宮澤弘幸「スパイ冤罪事件」の真相を広める会　前掲書23頁）

42　マライーニ『随筆日本』（北大生・宮澤弘幸「スパイ冤罪事件」の真相を広める会　前掲書117頁）
43　マライーニ『随筆日本』（北大生・宮澤弘幸「スパイ冤罪事件」の真相を広める会　前掲書60頁）、20年は15年の誤りである。
44　マライーニ『随筆日本』（北大生・宮澤弘幸「スパイ冤罪事件」の真相を広める会　前掲書117頁）
45　『外事警察概況』七、昭和16年、「開戦時に於ける外諜一斉検挙」より
46　半藤一利・保坂正康『そして、メディアは日本を戦争に導いた』東洋経済新報社、2014年、51〜52頁
47　筆者はこのような危機感から、朝日新聞が吉田調書報道が誤報であるとして取り消した措置を誤りであると考え、『朝日新聞「吉田調書報道」は誤報ではない』（彩流社、2015年）を編集した。
48　NHKスペシャル取材班編著『日本人はなぜ戦争へ向かったか――メディアと民衆・指導者編』新潮社、2015、27〜30頁
49　同書は、国連の難民高等弁務官を務められた緒方貞子氏のカリフォルニア大学バークレー校に提出された博士論文を書籍化したものであり、1966年に『満州事変と政策の形成過程』として原書房から刊行されたものを2011年に岩波現代文庫から再刊したもの。満州事変後の政治過程を関東軍と陸軍中央、政治家の三つ巴の権力争いの状況と国際連盟との国際関係までを視野に入れ、丁寧に分析しています。教えられることの多い本でした。
50　同書、256頁（古島一雄「一老政治家の回想」昭和26年、265〜266頁）
51　同書、256頁
52　同書、257頁
53　同書、257頁（上原勇作宛昭和7年2月15日付犬養毅の書簡）
54　半藤一利ほか前掲書、33頁
55　前掲書、34頁
56　『清沢洌評論集』岩波文庫、2002年、233頁
57　支那事変（日中戦争。対米英開戦以降は太平洋戦争に含まれる）における大日本帝国陸軍のスローガン。「暴戻（ぼうれい）支那（しな）ヲ膺懲（ようちょう）ス」を短くした四字熟語。「暴虐な支那（中国）を懲らしめよ」の意味。
58　山中恒『新聞は戦争を美化せよ！』（小学館、2001年）883頁に全文を収録
59　「情報局設立ニ至ル迄ノ歴史」（石川準吉『国家総動員史　資料編　第四』国家総動員史刊行会、1986年所収）

108頁以下

60 畑中繁雄・梅田正己『日本ファシズムの言論弾圧抄史――横浜事件・冬の時代の出版弾圧』高校生文化研究会、1992年

61 この閣議決定の内容は次のようなものであった。

①新聞統制会ノ設立－全国の新聞を強制加盟させる法人とし、新聞の統合、合併、新設、資材の配給調整、言論報道に関する国策の遂行に協力するとともに、国家目的に副う経営、編集の改善を行う。なお、役員は政府の認可が必要。

②新聞ノ経営主体－新聞社の設立は許可主義によることとし、その首脳者の選任には一定の適格条件を設ける。

③政府ノ監督－政府は統制会及新聞社の指導監督を行うが、新聞に関する指導監督の一部は統制会に委譲実施する。

④新聞記者クラブの整理－機密保持及報道宣伝の積極的指導のため、現在の乱立無統制なる記者クラブを整理する。各省における従来の記者クラブを廃止し、新たに新聞統制会（連盟）において記者会を結成する。政府の発表は原則として、連盟記者会を通じて行い、整理に際して必要ならば転業の道も検討する。

⑤新聞記者の育成－新聞記者の品位向上と地位の保障を確保するため、新聞記者の養成訓練を新聞統制会の事業として実施する。新聞記者の採用は統制会をして審査登録させる。厚生施設の完備を期すため、政府は相当の補助を行う。

62 小笠原みどり『スノーデン、監視社会の恐怖を語る　独占インタビュー全記録』毎日新聞出版、2016年、117～121ページから要約。

63 昭和21年7月15日・衆・帝国憲法改正案13回240頁

64 南利明「NATIONALSOZIALISMUS あるいは「法」なき支配体制2」、『静岡大学教養部研究報告　人文・社会科学篇』第24巻第2号、1988年、199～223頁

65 南利明「指導者‐国家‐憲法体制における立法（一）」『静岡大学法政研究』第8巻第1号、静岡大学、2003年10月、69～129頁

戦前戦中の年表

西暦（年）	和暦（年）	社会のできごと	メディアと秘密保護・情報統制の動き
1869	明治2		出版条例制定
1875	明治8		讒謗律、新聞紙条例制定
1877	明治10	西南戦争	
1886	明治19		出版条例改正（第18条「軍事機密に関する事項を掲載する文書図書の発行禁止」）
1888	明治21	君が代国歌制定	
1889	明治22	大日本国憲法発布	
1890	明治23	教育勅語発布	
1893	明治26		出版法公布（外交軍事他官庁の機密に関する無許可出版の罰則規定、第21条「軍事秘密に関する文書図書の無許可出版禁止」）
1894	明治27	日清戦争（～1895） 陸海軍令を廃止、原稿検閲の緊急勅令（軽禁固と罰金）（8月）	陸海軍省令復活（軍事関連記事の掲載厳禁、9月～1895年11月）
1895	明治28	日清講和条約（下関条約）調印	
1897	明治30		新聞紙条例第22条改正、軍事秘密の内容を外交事項まで拡大。
1899	明治32		軍機保護法（法律第104号）制定。「軍事上秘密ノ事項又ハ図書物件」の探知・収集、知得・領有した秘密の漏洩・交付・公示・伝説、防禦営造物の不許可の測量・撮影・状況録取、防禦営造物への立ち入り等を処罰。乱用が危惧された。対露戦に向け、平時にも適用できる法律の制定により、秘密保護体制を完ぺきにすることを期して。秘密を明確に定義・限定した条文がないため、拡大解釈への不安を招いた。
1900	明治33		治安警察法公布（集会・結社・言論の自由を制限、社会・労働運動の取り締まり）
1904	明治37	日露戦争（～1905）	
1905	明治38	日露講和条約（ポーツマス条約）調印	

西暦（年）	和暦（年）	社会のできごと	メディアと秘密保護・情報統制の動き
１９０７	明治40		刑法第85条改正（間諜（スパイ）行為、軍事機密を外国に漏えいした者を罰する（日本人による間諜行為））
１９０９	明治42		新聞紙法制定。新聞紙条例に代わり新聞紙法公布、軍事秘密のなかに外交秘密を含むことを定着させる。第27条で掲載禁止・制限について定める。 新聞紙法で陸相・海相・外相に軍事・外交に関する事項の掲載禁止・制限権を認め、官公署・議会の未公開文書、非公表の会議の議事の無許可掲載を禁止。
１９１０	明治43	大逆事件（～１９１１）	
１９１１	明治44	警視庁に特別高等課が設けられる（特高警察の始まり）	
１９１４	大正3	第１次世界大戦（～１９１８）	
１９１７	大正6	ロシア革命。ソビエト政府樹立	
１９１８	大正7		白虹事件。8月25日に大阪で開かれた関西新聞記者大会を報じた、大阪朝日新聞夕刊の記事中の字句が、「新聞紙法」第42条に引っかけられた。
１９１９	大正8	日本は第１次世界大戦で戦勝国側についていたため、ドイツの持っていた南洋諸島の委任統治権を得た。	
１９２１	大正10	ワシントン軍縮会議（～１９２２）	
１９２２	大正11	過激社会運動取締法案提案されるも、反対強く廃案 ワシントン条約締結	
１９２３	大正12	関東大震災	朝鮮人・社会主義者の虐殺。治安維持令制定
１９２５	大正14	治安維持法制定と公布 京都学連事件（判決は１９２７年） 第二次朝鮮共産党事件	

1927	昭和2	外相官邸で東方会議開催	
1928	昭和3	「満州某重大事件」＝関東軍による張作霖爆殺事件（6／4　真相は公表されず） 3・15事件	
1930	昭和5	ロンドン海軍軍縮条約批准 浜口雄幸首相狙撃されて重傷	浜口首相の病状経過の報道をめぐり、新聞記者連行拘禁事件が起こる。言論弾圧が激しくなる。
1931	昭和6	万宝山事件（7／2） 中村震太郎大尉事件（6／27銃殺・8／17発表） 柳条湖事件（9／18）→満州事変 十月事件	
1932	昭和7	桜田門事件（＝天皇暗殺未遂事件、1／8） 第1次上海事件（1／18〜3／3） 満州国建国 血盟団事件 リットン調査団来日 5・15事件（5／15）	昭和天皇が関東軍の独断専行をほめ喜ぶ勅語を渙発。情報委員会が外務省内に設置される。非公式ながら活動を開始する。リットン報告書公表（10／2）。日本の新聞雑誌がこぞって非難。第1次上海事件の「爆弾三勇士」と「空閑昇少佐」を、新聞が軍国美談として取り上げる。
1933	昭和8	小林多喜二特高警察により虐殺される。（2／2） 長野教員赤化事件 治安維持法による検挙者数最高に 転向ブームが起きる 日本、国際連盟を脱退（3／27）	小林多喜二の死について、新聞は「心臓マヒ」と警視庁発表を掲載するのみ。
1935	昭和10	天皇機関説事件 陸軍部内で皇道派と統制派の対立が激しくなる。 永田事件（8／12） 第2次大本教事件	内務省が永田事件の報道記事差し止めを行う。陸軍省発表のみ。

西暦（年）	和暦（年）	社会のできごと	メディアと秘密保護の動き	内閣情報局による情報統制の動き
１９３６	昭和11	２・２６事件（２／26）	２・２６事件で、朝日新聞本社が襲撃される。 不穏文書臨時取締法交付（６／15）	内閣情報委員会設置 同盟通信社設立 情報委員会が中央情報宣伝機関として内閣総理大臣の管理下に設置される。（７／１）
１９３７	昭和12	国会で政友会代議士浜田国松、寺内寿一陸軍大臣と論戦。腹切問答といわれた。（１／21） 盧溝橋事件（７／７） 日中戦争開始（～１９４５） 人民戦線事件で労農派系の大学教授、学者グループが第１次検挙（第２次検挙は１９３８年）	改正軍機保護法（法律第73号）全面改正・公布。内容の整備と取り締り強化、陸海軍大臣の命令により、秘密の範囲・種類を規定（８／13） 国民精神総動員運動実施（８／24閣議決定） 満州国軍機保護法、制定	内閣情報委員会「時局宣伝資料」発行 内閣情報委員会「北支事変に関する宣伝実施要領」決定（７／22）。その後2回改訂し「支那事変ニ対スル宣伝方策大綱」となる（９／３） 内閣情報委員会から内閣情報部へ移行（９／25）
１９３８	昭和13	国家総動員法公布 唯物論研究会事件		内閣情報部と文芸家との会合（８／23）→ペン部隊へ 内閣情報部が「新聞指導要領 其の一」を出す（６／22）。以降、其の八まで（１９４０年5月9日）。
１９３９	昭和14	第２次世界大戦（～１９４５） 企画院事件（「判任官グループ」事件）	軍用資源秘密保護法制定 新聞各社（10社）による「対英共同宣言」（７／15）。内閣書記官長指示による。	
１９４０	昭和15	民政党斉藤隆夫、国会で軍部批判し問題化（２／２）。除名（３／７） 北部仏印進駐（９／23） 日独伊三国軍事同盟条約調印（９／27） 全政党解党、一本化して大政翼賛会発会（10／12） 企画院事件（「高等官グループ」事件） 皇紀２６００年記念式典　５日間に渡った。（11／10）		内閣情報部を情報局に格上げ 内閣情報部による「新聞用紙統制」が始まる。「新聞雑誌用紙統制委員会設置にともなう閣議諒解事項」が閣議決定（５／17） 内閣情報局発足（12／６）

西暦（年）	和暦（年）	社会のできごと	メディアと秘密保護・情報統制の動き
1941	昭和16	治安維持法大改正 ハル米国務長官、野村駐米大使に日米諒解案を提示（4／16） 南部仏印進駐（7／22） 米英による対日石油禁輸措置（8／1） 日本の真珠湾攻撃により、日米開戦（12／8）↓太平洋戦争	国防保安法成立（国家機密の保護）（3／3）。御前会議等重要会議の議事の他、内容の特定できない広範な重要秘密が対象。最高刑は死刑・無期、もしくは懲役3年の厳罰主義。 軍機保護法改正。処罰範囲の拡大。 日本新聞連盟発足 宮澤・レーン事件（12／8）
1942	昭和17	ミッドウェー海戦で日本敗北 早大津田左右吉、古事記・日本書紀の神代記は客観的な史実がないと主張。関係図書発禁。（戦後1949年文化勲章受章）。 満鉄調査部事件	横浜事件（～1945年） 新聞連合が完成し、報道が一元化する。 大本教事件の判決で「治安維持法」違反については無罪判決であったことはほとんど報道されず。
1943	昭和18	創価学会会長牧口常三郎治安維持法で検挙（1944年獄死）	
1944	昭和19		2月毎日新聞新名丈夫記者が執筆した記事で「竹槍では間に合はぬ」と書き、東条首相を批判したことに対し、新名記者が37歳にして懲罰召集された（竹槍事件）。
1945	昭和20	敗戦	

※この年表は「ファシズム言論研究会（責任者前田能成氏・吉田桃子氏）作成」を元に追加・修正した

◎執筆者プロフィール

角尾隆信（かどお・たかのぶ）

1920年生まれ。従軍後に英語教員を経て、1961年弁護士登録。1967年山花貞夫弁護士とともに、東京共同法律事務所を創立。2014年8月5日没。享年93。

宮里邦雄（みやざと・くにお）

1939年生まれ。1965年弁護士登録。多くの労働事件に取り組み、2005年～2007年東京大学法科大学院客員教授（労働法、法曹倫理）。2003年～2012年日本労働弁護団会長。著書に『労働組合のための労働法』（労働教育センター）、『労働法実務解説12　不当労働行為と救済』（旬報社）、シリーズ『問題解決労働法』（共編、旬報社）、シリーズ『労働法実務解説』（共編、旬報社）、『はたらく人のための労働法（上）（下）』（労働大学出版センター）など。

山口広（やまぐち・ひろし）

1949年生まれ。1978年弁護士登録。宗教被害、消費者被害に取り組み、1987年全国霊感商法対策弁護士連絡会事務局長（現在まで）、2005～6年度日弁連消費者問題対策委員会委員長、2009年11月～2013年8月内閣府消費者委員会委員。著書に『検証・統一教会＝家庭連合』（緑風出版　2017年）、『Q＆A　宗教トラブル110番』（共著、民事法研究会）など。

小竹広子（こたけ・ひろこ）

1972年生まれ。2008年弁護士登録。多くの刑事事件に取り組み、2009年産業カウンセラー資格取得。2010年家族相談士資格取得。2011年よりNPO法人「配りの会」理事。

中川亮（なかがわ・りょう）

1967年生まれ。ソニー株式会社を経て、1994年朝日新聞社に入社。2010年弁護士登録。表現・報道の自由に関する問題に取り組む。

小川隆太郎（おがわ・りゅうたろう）

1984年生まれ。早稲田大学法科大学院卒。2014年弁護士登録。外国人の人権問題と国際人権問題に取り組む。

◎企画

東京共同法律事務所

　所属弁護士は18名（2017年3月現在）

住所：新宿区新宿1－15－9　さわだビル5階

電話：03－3341－3133

http://www.tokyokyodo-law.com/

◎編著者プロフィール

海渡雄一（かいど・ゆういち）

1955 年生まれ。1981 年弁護士登録。原発訴訟に取り組み、脱原発弁護団全国連絡会共同代表。刑務所内の人権問題に取り組み、多数の監獄人権訴訟を担当し、NPO 法人監獄人権センター代表。盗聴法、共謀罪、秘密保護法などの制定反対運動、制定後の廃止運動に取り組み、日弁連秘密保護法対策本部副本部長、共謀罪対策本部副本部長。

2010 年 4 月から 2 年間、宇都宮健児会長の下で、日弁連事務総長を務め、東日本大震災後の被災者の法的救援課題に取り組んだ。

主著:『監獄と人権』（明石書店）、『監獄と人権 2』（明石書店）、『共謀罪とは何か』（保坂展人と共著、岩波ブックレット）、『刑務所改革』（菊田幸一と共編、日本評論社）、『刑罰に脅かされる表現の自由　NGO・ジャーナリストの知る権利をどこまで守れるか?』（GENJIN ブックレット）、『原発訴訟』（岩波新書）、『反原発へのいやがらせ全記録』（編著、明石書店）、『秘密保護法対策マニュアル』（岩波ブックレット）、『朝日新聞吉田調書報道は誤報ではない』（編著、彩流社）、『市民が明らかにした福島原発事故の真実』（編著、彩流社）、『新共謀罪の恐怖』（平岡秀夫と共著、緑風出版）、『可視化・盗聴・司法取引を問う』（村井敏邦と共編、日本評論社）など。

イラスト＊壱花花

戦争《せんそう》する国《くに》のつくり方《かた》——「戦前《せんぜん》」をくり返《かえ》さないために

2017年5月3日　初版第一刷
2017年8月15日　第二版第一刷

編著者　海渡雄一（企画・東京共同法律事務所）
ⓒ2017
発行者　竹内淳夫
発行所　株式会社 彩流社

〒102-0071 東京都千代田区富士見2-2-2
電話　03-3234-5931
FAX　03-3234-5932
http://www.sairyusha.co.jp/

編　集　出口綾子
装　丁　渡辺将史
印刷　明和印刷株式会社
製本　株式会社村上製本所

Printed in Japan　ISBN978-4-7791-2314-6 C0036
定価はカバーに表示してあります。乱丁・落丁本はお取り替えいたします。

《彩流社の好評既刊本》

市民が明らかにした福島原発事故の真実

東電と国は何を隠ぺいしたか 海渡雄一 著、福島原発告訴団 監修 978-4-7791-2197-5（16.02）

巨大津波は「想定外」ではなく可能性は公表され、対策は決定していた！　しかし一転したために、3・11原発の大惨事が起きた。東電、原子力安全・保安院、検察庁と政府事故調の暗躍を明らかにし、市民の正義を実現する意義を説く A5判並製1000円＋税

朝日新聞「吉田調書報道」は誤報ではない

隠された原発情報との闘い　海渡雄一・河合弘之 ほか著 978-4-7791-2096-1（15.05）

2011年3月15日朝、福島第1原発では何が起きたのか？ 原発事故最大の危機を浮き彫りにし再稼働に警鐘を鳴らしたた朝日新聞「吉田調書報道」取消事件を問う。「想定外」とは大ウソだった津波対策の不備についても重大な新事実が明らかに！ A5判並製1600円＋税

赤紙と徴兵――105歳 最後の兵事係の証言から

吉田敏浩 著 978-4-7791-1625-4（11.08）

焼却命令にそむき保管した兵事書類について沈黙を通しながら、独り戦没者名簿を綴った元兵事係、西邑仁平さんの戦後は、死者たちとともにあった――全国でも大変めずらしい貴重な資料を読み解き、現在への教訓を大宅賞作家が伝える。渾身の力作。四六判上製2000円＋税

戦後はまだ…――刻まれた加害と被害の記憶

山本宗補 写真・文 978-4-7791-1907-1（13.08）

戦争の実態は共有されてきたか？　70人の戦争体験者の証言と写真が撮った記憶のヒダ。加害と被害は複雑に絡み合っている。その重層構造と苦渋に満ちた体験を、私たちは理解してきたか――林博史（解説）　各紙誌で紹介！ A4判上製4700円＋税

始動！ 調査報道ジャーナリズム
――「会社」メディアよ、さようなら

渡辺周・花田達朗・ワセダクロニクル 編著 978-4-7791-2320-7（17.05）

政府や大企業等の大きな権力が隠す事実を自力で取材し、掘り起こし、公に暴露して被害者の立場から報道する調査報道。徹頭徹尾、権力の監視を使命とし、尊厳が侵されている人々の状況を報道する大学発の新しいメディアが始まった。 A5判並製　1000円＋税

憲法を使え！――日本政治のオルタナティブ

978-4-7791-7025-6（15.02）

フィギュール彩28　田村理 著

国家は、私たち一人ひとりの人権を守っているだろうか？　私たちは、何を根拠に国家や政治を信じているのだろうか？　憲法は、政治の中で実現される。国家・公権力を疑い、政治を問え。信じていても、救われない！ 四六判並製1900円＋税